JN075132

「校内研究・研修」で職員室が変わった！

2年間で
学び続ける組織に変わった
小金井三小の軌跡

村上聡恵・岩瀬直樹　著

2年間で学び続ける組織に

2018年12月7日、「信頼をベースにした認め合う学級づくり〜聴き合い、語り合い、深め合う子供たち、そして私たち教師〜」をテーマに約500人もの参加者を集め、盛況のうちに幕を閉じた、東京都小金井市立小金井第三小学校の研究発表会。

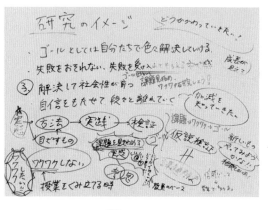

2017年4月　研究1年目
第1回目の校内研究会

まずは、みんなで「どんな校内研究にしていきたいか？」について話し合いました。

変わった小金井三小の軌跡

そこで起きていた子どもの学びの深さ、教職員同士が楽しんで学び合っている姿に注目が集まりました。果たしてそこに至るまでには、どんなプロセスがあったのでしょうか——。

2017年6月
研究1年目
第3回目の校内研究会
学年ごとに相談し、自分たちがやってみたいことにチャレンジすることに。4年生は、てつがく対話に取り組みました。

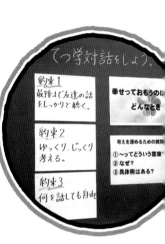

2017年5月　研究1年目
第2回目の校内研究会
「子どもたちに自治的な力を育てていくにはどうしたらよいか?」をテーマに小グループで話し合った後、短冊に書かれた意見をみんなでカテゴリー化していきました。

2017年7月　研究1年目
はじめての研究授業
「幸せってどんなとき?」のテーマで、てつがく対話を実践。その後の協議会では、様々な反応がありました。

2018年2月　研究1年目
2017年度最後の校内研究会
プロジェクトアドベンチャー（Ｐ
Ａ）（説明後述）にみんなで取り組み
ました。写真は、パイプをつないでビー
玉をゴールまで通すアクティビティ、
パイプラインの様子。

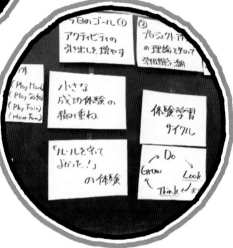

プロジェクトアドベンチャーの
理論も学びました。

2018 年 6 月　研究 2 年目
第 4 回目の研究授業
てつがく対話、2 年目。
子どもたちの発言を短冊に書いて、カテゴリー化していきました。あれ？　この光景、どこかでみたような……そう、校内研究会で教師たちが行っていた学びが教室にもつながっていったのです。

2018年7月　研究2年目
第5回目の研究授業

研究を開始して、1年3ヵ月目。
ターニングポイントとも言える日に。
2017年4月、研究をスタートする時に、
みんなで「どんな校内研究にしていきた
いか?」について話し合った内容を確認
しながら、これまでの振り返りを行いま
した。

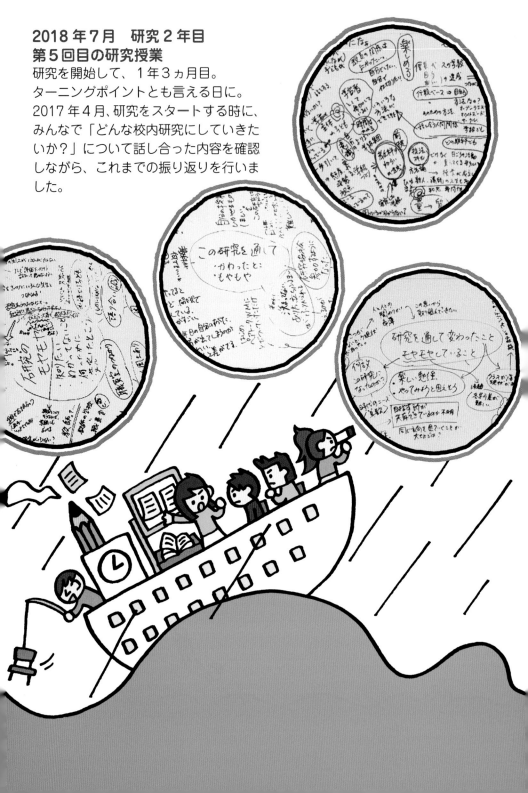

2018 年 8 月　研究 2 年目
自分のやりたいこと、挑戦したいこと同士で集まるサークル活動が開始。てつがく対話サークル、PA サークル、教科教育サークル、などなど。

2018 年 10 月
研究 2 年目
研究発表会当日に配布したリーフレットには、「私たちが見出したこの研究の価値」を載せました。

2018 年 12 月
研究 2 年目
研究発表会当日
全国から約 500 人の方が参加。
みんなでワールドカフェ形式で「理想的な学ぶ場」等について考えました。

2019 年 1 月〜
新たなチャレンジへ

研究発表会が終わった後も挑戦は続いています。むしろさらに加速しているような状態。

自分に合った学び方でしっかり学ぶ時間、「自立学習」の時間が始まり、他学年の子が一緒に学ぶ、異学年の学びは、14 学級で行われることに。

巻頭言

大熊雅士（小金井市教育委員会教育長）

　「新型コロナウイルス感染症」は、この先どうなってしまうのだろう。そんな心配をしながら、窓の外を見ると2月だというのに、3月、4月を思わせる光がまぶしい。異常気象の常態化を、もう疑うものはいないだろう。そんな中で、今年は昨年の台風19号以上の台風が襲ってくる可能性はないなどと言い切れるものはいない。もちろん、そんなことは杞憂であることを願うばかりである。

　心配事はそれだけではない。社会も大きく変わってきているが、それに学校教育が追いついていないことである。

　社会の変化について色々言われているが、いくつか取り上げてみたい。まず、終身雇用はもはや過去の遺産であること。大学を出たからといって安定した就職先があるわけではない。大きな会社であっても、新人を雇用し育てるだけの体力を失っており、常に即戦力を期待するようになってきている。多くの仕事をアウトソーシングするようにもなった。これに拍車をかけているのが、AIの発展である。今後、いわゆる単純計算だけでなく、車の運転などの複雑な仕事など、これまでは未来の姿として夢でしか語られなかったことまでも、コンピュータが行うようになってきている。現に筆者の車も全自動化が進んでいて高速に乗れば、目的地まで自動で私を運んでくれる。これまで人間でしかできなかった仕事をコンピュータが取って代わっていく。今後その割合は爆発的に大きくなるだろう。

　残念ながら、このような社会の変化に呼応した教育改革が進んでいるとは言いがたい。確かにGIGAスクールなど、新しい息吹は感じるが、それが学校の中のどこまで吹き込んでいることか……。各学校は、新しい風を拒んでいるように、その窓を固く閉ざしているようにしか見えない。本当にこれでよいのだろうか？

　このような世の中にあって、一筋の光を見た思いがするのが小金井第

三小学校（以下、三小）の研究である。研究内容及び研究の経過は、紙面の関係から本書を読んでいただくことにして、まず私が実際に三小の研究会に参加した際の感想を述べたい。

研究協議会では、「今回の授業について研究の視点をもとに、各グループで話し合いをしてください。」ただそれだけで、活発な議論が各グループで始まった。そこには職層、年齢の壁など何もない。自分が思ったこと、感じたことが次々に披露されていく。ベテランの教員はどちらかというと聞き役に回り、「どのような時にそれを感じたのか？」「どのように改善したらよいか？」と質問を投げかけていく。その話し合いは笑い声に包まれ、終始和やかに進んでいった。研究授業は、授業を行った教員が最も学びが多いという。しかし、三小の協議会は、授業を見たすべての教員に学びがあるように感じた。

授業参観後、校長からさらに衝撃の依頼を受けることになった。「本校の研究のまとめを研究発表会の最後に話してほしい」というのである。

私は、小学校教員から指導主事になり、その後、大学の教員を務め、現職に就いたわけであるが、この依頼だけは戸惑った。教育長という立場で的外れなまとめをしてしまったら、研究が台無しになると考えたからである。何度もお断りしたがあまりにも熱心に依頼され、ついに根負けしてそのまとめを引き受けることにした。

その時の私の話は、三小の研究のまとめとは言いがたいが、多くの研究がある中で、三小の研究の位置づけを確かめる方策の1つにはなっているのではないかと考える。本書の巻頭言として、当時の話を再現することにする。

まず、予想困難な時代において、逞しく生きるためにはどのような真の学力を付けることが必要かと投げかけたうえで、それを実現するのが「主体的・対話的で深い学び」であるとし、では、そのような学びを実現するためにはどのような授業改善が必要かと投げかけた。

そして、始めに「①アタック思考とは」のスライドを提示した。

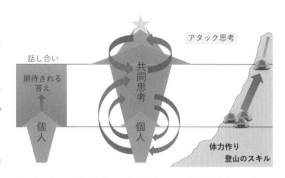

　これまでの授業は、右図の左側に示しているように、個人で考えて、（1人学びの時間）その後、グループになって話し合うことによって、教師が期待する答えを導き出すというプロセスを踏むことが多い。対話的ということが大きく取り上げられるようになると、様々な授業を見ても授業の半ばあたりで、話し合いの時間を設けるようになってきた。しかし、話し合いの場面を入れるだけで、未来を逞しく生きることができる真の学力を育むことができるのだろうかと投げかけた。

　三小の研究はそこにとどまらず、図の真ん中のような思考プロセスを設定している。個人の考えをもつまでは、左と変わりはない。しかしながら、その後のグループでの話し合いは、この図で示しているように、友だちとの考えに触れ、自分の考えを見直し、そのことによって生まれた新しい考えを、また、友だちにぶつける。それによって、友だちも新しい考え方をもつようになる。それを何度も繰り返し、それまで誰も考えもしなかった新しい考えが生まれるのである。その考えは時として、教師が期待した答えを遙かにしのぐアイデアであることもある。それを★で示したのである。

　このようなプロセスは、ヒマラヤなどの高い山を登る様子に似ている。図の右側である。登山のスキルを学んだり、体力づくりをしたりすることによってアタック隊に選出される。そこから、頂上を目指して登り始める。そして、頂上付近でアタックキャンプを設営することになる。このアタックキャンプの高さが、これまでの私たちがもつ常識と言ってもよい。そこまで自分たちの力で到達できるだけでも素晴らしいことである。しかし、このように自分たちでここまで考えを深める。いやここで

は高めるといったほうがふさわしいと思うが、それぞれの考え方がぶつかり合うことによって、化学反応を起こし、さらに、その先の考えを導き出すことを可能とする。まさにアタック隊の中から選ばれたアタック隊員が頂上を目指すように、である。このような高みに登ることを「アタック思考」と名づけたいと提案した。

　このアタック思考であるが、頂上アタックが1人でできないように、多くの友だちと考えをぶつけ合うことが必要である。望ましい集団の話し合い活動があって初めて達成できるものなのである。

　このようなアタック思考は、今回の公開授業の中で至るところで見ることができた。「ではどのようにして、そのようなことが可能になったのか解説したいと思う」と言いながら、「②アタック思考の手立て」を示した。

　アタック思考の手立てとは、まず話し合いをする前に、基礎となる知識をしっかりと身につけさせることである（右図の右下）。その上で、話し合いのスキルを身につけさせる。そのためのアイテムが、公開授業でも使われていたカード類である。

そのカードには、友だちの考えを深める言葉であったり、友だちの考えにつなげる言葉などが書かれている。例えば、「どういうこと？」「こういうこと？」「本当に？」「どうしてこう考えたの？」などだ。たくさんのカードが話し合いの場に置かれてあり、子どもたちは自由にそれらを使って話を深めていた。そうやって、共同思考を実現していった。

　それだけではない。そのような話し合い方をすることにより、子どもたちにとって友だちの存在はなくてはならないものに変化していった。

友だちと話し合うことができるから、自分の考えを深めることができることを実感するようになっていった。まさに自分の考えを高めてくれる素敵な仲間となっていったのだ。そんな素敵な仲間ができる背景には、共同思考を実現する話し合いの場があること、そして、様々な道具が用意（話し合いのカード・ホワイトボードなど）されていることだ。

　そして、時として、話し合いのリーダーの存在も大切だ。そのリーダーは、どのように育つのかというと、実は先生の真似からだ。先生への憧れと言ってもよい。先生が一斉授業などの場面で、しっかり1人1人の話に耳を傾け、その1つ1つをしっかりと受け止め、問いを返すことや全体を整理することによって深まり、新しい知識に自ら気づくようになる。そのような先生の姿に憧れ、グループ活動の時にそれを試してみる。そのような姿は、友だちにとってもまた憧れの姿となって、次々に伝わっていく。今日も多くの「先生」が、各グループの中にいたことに気が付かれたことでしょう。

　最後に注目したいのは、左上に掲げてある太陽の存在だ。安心感の太陽と言ってもよい。もうおわかりだと思うが、子どもたちの存在をしっかり認め、見守る先生の存在だ。自分の考えに引き寄せようとするのではなく、あくまでも子どもたち1人1人の考えを大切にして見守るその姿がなければ、このプロセスは成り立たない。本日、授業を行っていた先生方、1人1人の笑顔にそれは象徴されていたように思う。

　最後に、先生方が共に取り組んだ研究協議会の在り方こそが、このような研究を創り上げていったのだと思う。見過ごしてはならないのは、常にこの学校の研究の在り方を温かく見守り、信じ続けてこられた安心の太陽の存在である。前東京学芸大学教職大学院准教授、岩瀬さんの存在なくしてなしえなかった研究であることを申し上げ、ここに改めて感謝申し上げたいと思う。この研究が三小にとどまらず、日本の多くの研究の発展に役立つことを切に願うばかりである。

2020年2月

「校内研究・研修」で職員室が変わった！
～2年間で学び続ける組織に変わった小金井三小の軌跡～

目　次

第 1 章

研究組織はどうあるべきか

岩瀬直樹

1. 校内研究・研修の現状と課題

「学校や教育をもっとよくしたい！　このままではいけない！」

　行政、管理職、担任を問わず、現場で試行錯誤、悪戦苦闘している方々が共有している想いです。

　しかし、2020年度から全面実施となる小学校新学習指導要領は、プログラミング教育や外国語教育、ICTの充実等々、次々と現場に要求をし、現場を疲弊させています。時間や予算人員など学校のリソース（資源）には限りがあるのですから、1つ足される度に、必ずどこかにしわ寄せがいきます。どんどん増えてくる要求への対応に疲弊し、一番大切なことが犠牲になっているのが今の学校の現状です。

　一番大切なこと、それは**学校や教師がエンパワーされること**、だと私は考えています。教育におけるエンパワーメント（empowerment）とは「元気にする、やる気にする」という意味です。**教員が元気になり、やる気になること。それこそが学校が変わっていくポイント**です。

　うまくいっていないこと、問題や課題に焦点を当てる「欠陥モデル」から、どうすれば1人1人の教師や組織が元気になり、成長するかという「成長モデル」への転換です。

　そのためには、**「教師の学び」に焦点を当てる必要**があります。なぜなら、**教師が自分たちの成長に向けて意欲的に学び始め、教師同士が学び合い、教え合う学校になれば、その姿は子どものモデルとなり、日々の授業も変化する**からです。教師の成長こそが教育改革の鍵を握っているのです。

　私は、2006～2008年、埼玉県狭山市立堀兼小学校で初めて研究主任を務めました。その時の研究テーマは、「月曜日に行きたくなる職員室」でした。今思うと斬新なテーマです。当時の『研究紀要』にはこんなことが書かれていました。

　まずは「いい研究をするためには、居心地のよい学び合える職員室が大切」ではないか、と考えた。学校研究の内容ではなく、研究のあり方自体に注目したのである。1人1人の教師が学び合うようになれば、その姿は児童のモデルとなり、児童もまた学び合うようになるだろう。教師が支え合えばその姿もモデルとなり、子ども達も支え合うようになるだろう。教師が生き生きと取り組めば、子ども達も生き生きと取り組みはじめるに違いないのではないか、そう考えたのである。

　今思い出しても研究主任としての3年間は本当に大変でした。なかなかうまくいかず、何度も諦めそうになりました。その度に同僚と対話を重ね、人の力を借り、信じられないほどの膨大な試行錯誤の末、「月曜日に行きたくなる職員室」を教職員全員でつくりだすことができました。当時の教職員の声です。

・研修の進め方についての固定概念が変化した。研究推進委員や研究主任がレールをひいておいて、そのレールに職員を乗せて進めていく研修から、自分自身、1人1人が他の職員と協力してレールをひいていく研修へと変化できた。今ではそのやり方が当たり前だと思うようになった。1人でできること考えることは限られたもので、推進委員とか主任の知恵は狭い。それを他の人との協同で、全員でアイデアを出し合うと、できることは無限大に広がっていくことを実感できた。
　職員室で変わったことは、やらされるのではなく自分達の意志でやっているという雰囲気になってきた。日々の実践が、日常的に全校でおこなわれている。1人1人が建設的にものを言ったり、考えたりするようになった。本校の研修のスタイルというのが確立するまでに3年かかった。今は当たり前のようにやっているけど、3年かかってようやく確立した。他のテーマになっても、この堀兼のスタイルでやっていけるんじゃないか。

・私は「研修」についてマイナスイメージを持っていました。それは今まで経験した多くが上からふってきたようなものであったり、押しつけられたものであったりしたからです。今回取り組んでいるのは自分たちで進めている感が強いです。その点でこんな研修もできる、おもしろいというイメージに変わりました、それが一番大きいです。職員室の仲間作りというのは「それを目指す」ことが必要だと痛感します。これは学級も同じです。

　人が集まってもバラバラならそれは個人の足し算にしかならないでしょう。逆に足を引っ張り合ってマイナスになる職場も経験してきました。職員室の仲間作りができて、いろいろなことをみんなでやれるようになれば、その力は何倍にもなります。堀小は確実にチーム力をつけてきていると思います。

　さらにステップアップするには、個々の自分がもっと強みを生かせる職員室にしていきたい。

　当時の同僚とは今も一緒に飲みに行き、「あの時にどの学校も変われるということを確信したよね」と語り合ったりします。

　そう、学校は変わります。人には力がある。それは子どもも大人もです。**学校が変わるためには、子どもの学習どうこうの前に、まずは職員室の変革から**だと私は考えています。それには教員の学びの場である校内研究が大きな役割を果たす「はず」なのですが、「校内研究」、「校内研修」と聞くだけで「ああ……」とため息が出る人も多いはず。そこには「やらされ感」が付きまとってしまいがちです。

　木原（2010）[*1]は、校内研究・研修には企画・運営に関わる5つの問題点があると指摘しています。

＊1　木原俊行「教師の職能成長と校内研修」北神正行、木原俊行、佐野享子『学校改善と校内研修の設計（講座現代学校教育の高度化第24巻）』学文社、2010年。

```
1．機会が限定されている
2．個々の教師の問題意識を反映させがたい
3．型はめに陥りやすい
4．閉鎖性・保守性が強い
5．適切なリーダーシップが発揮されない
```

　1つ1つの項目とご自身の経験とを重ねてみると、思い当たることも多いのではないでしょうか。研究の成果を「型」の創出に求める考え方が強く、また仮説検証型を装いながら、最初から落としどころが決まっている研究もよく見受けられます。例えば、「子どもの主体性が発揮される授業が展開されれば学習意欲は高まるだろう」のような「そりゃそうでしょう」的な仮説です。

　また、日本の主に公立校における校内研究・研修は、その「内容」、つまりどの教科領域を対象にするか、どのような授業を目指すかなどに終始してしまいがちです。体育の得意な方が管理職になると「校内研究は体育でいくぞ！」といったように。

　その一方、研究組織はどのように組織すべきか、研究をどう進めていけば教員の主体性が発揮されるか、どうすれば教員にとって校内研究・研修を「やらされる嫌な時間」から「待ち遠しいワクワクする時間」へ変えることができるのか等、組織の形態や研修プロセスデザインへの意識は弱かったと言えるでしょう。

　今津（2001）[*2]は、学校研究における「組織の形態」への意識の弱さを指摘した上で、「日本では教師相互の関係性が緊密であることが前提とされていたために、『形態』へと研究関心が向かわなかったせいであ

＊2　今津孝次郎「学校の協働文化」藤田英典、清水宏吉編『変動社会の中の教育・知識・権力』新曜社、2001年。

ろう」と述べています。

　かつての学校では、同僚性がある程度機能していましたので、若手教師は学校文化に参入することで同僚との関係性の中で学ぶことができていたと言えそうです。私の若い頃（1993年に初任）の職員室は、ギリギリそういう文化が残っていました。教育実習に伺った学校では、放課後に職員室でお酒を飲むのがまだ許されていた時代です。放課後残っては、先輩方の実践の話を聞いたり、相談をしたりといったことが日常的にありました。しかし、年齢構成の変化、多忙化の中で、その同僚性も機能しにくくなってきています。

　また、今津（2001）は、「今までの日本の一般的な教師集団を『共同文化』すなわち、同質同調性が原則であり、個々の自己主張や競争よりも、組織メンバー全員の協調や同調を重視してきた」と言います。

　つまり、はじめに「共同」ありきで画一性へと収束し、各教師の個性や自律性の優先順位が低かったということです。この文化が木原（2010）の指摘している問題点とつながっていそうです。

　さらに言えば、現場の多忙化が問題となっている中、教師が勤務時間内に学び合う時間はほとんど取れていないのが現状です。

　では、研究授業を充実させればよいのでしょうか。それを検討する上では、研究授業という言葉を聞くだけで「ああ……」と気持ちが沈む人が少なからずいるという現状を見ないわけにはいきません。少なくとも、「えー、研究授業、誰がやる？……」という時点で、その組織は、その前にやるべきことがあるはずです。

　研究授業や授業研究自体が悪いのではなく、そこへ至るプロセス設計のミス、つまり組織における学びの場としてのデザインの失敗があるのではないでしょうか。**「内容」にフォーカスする前に、組織や研修の「形態」にフォーカスすべきではないか、**私はそう考えています。

　私が研究主任時代にテーマにしていた「月曜日に行きたくなる職員室」はまさにその「形態」に思い切って焦点を当てたのです。

２．これからの校内研究・研修はどこへ向かえばいいのか
〜校内研究・研修を通じた「組織開発」という発想〜

　では、これからの校内研究・研修はどこへ向かっていけばいいのでしょうか？　そこで重要になるのが**「組織開発」**というアプローチです。

　組織開発の本来の意味は、中村（2015）[*3]によれば「組織内の当事者が自らの組織を効果的にしていく（よりよくしていく）ことや、そのための支援」のことです。

　重要なポイントは、**「組織内の当事者が」**という点です。トップダウンで「やらせる」のではなく、教員自身が組織を変えていく主体になるということであり、管理職や研究主任の仕事は、直接的にも間接的にもその支援になります。

　では、「よりよくしていく」とはどういうことでしょうか。それは「協働文化」を構築していくということではないでしょうか。

　協働文化とは、「各教師のユニークなアイディアや実践を尊重しつつも、相互の連携を深めて、各教師が成長発達して学校全体の教育実践の質を高め、生徒の学習を促進させる文化」（今津、2001）のことです。

　端的に言えば、「自他を大切にして、学び合い、支え合う職員室をつくりましょう」ということ。学校に協働文化が創出されれば、教員は同質同調性から解き放たれ、自律した専門家への道を歩むための素地を組織的につくっていくことができます。その上で相互に連携し、個人も組織も高まっていき、それが結果として子どもの成長につながるというサイクルが生まれます。私たちが最初にすべきは、**校内研究・研修を通じた組織開発、つまり職員室の変革**です。

＊3　中村和彦『入門　組織開発〜活き活きと働ける職場をつくる』光文社新書、2015年。

まずは、職員室に学び合い、助け合う人間関係を構築すること。そのためには、**「私たちはどのような職員室をつくりたいのか」「私たちはどのように学び、成長したいのか」「そのために私たちはどのような研修にしたいのか」**という問いから出発して、対話を重ねていくこと。1人1人が当事者となり、職員室変革の担い手になっていくプロセスをつくることからスタートです。

しかし現状は、校内研究・研修という言葉に囚われて、限られている貴重な時間を慣習的な研究授業にしてしまうことで、今学校がしなくてはいけないこと、したほうがいいこと、したいことが見えなくなっている、というのが私の分析です。

「組織開発≒学び合う職場づくり」によって職員室が変われば、研究授業もあらためて価値ある学びの場として再機能してくると考えています。

第2章以降で紹介されている東京都小金井市立小金井第三小学校（以下、三小）のアプローチは、学び合う職員室を目指して、校内研究・研修の進め方に焦点を当てた組織開発から学校を変革した物語です。私は、校内研修の講師として、研究主任の村上聡恵さんの伴走者として2年間関わりました。

公立の学校は、こんなにも可能性に開かれているんだ！　と、読者の皆さんにとって勇気の出る事例だと確信しています。

具体的な歩みは、後ほどたっぷり味わっていただくとして、学び合う職員室づくりのために具体的にどんなアプローチをしたのか、これから2年間の学校が変わっていくプロセスを読んでいく補助線として、大きく5つのアプローチに整理してみたいと思います。

それは、以下の5つです。

1．日常的な対話の機会
2．「学び手」になってみる
3．入れ子構造

> 4．実践コミュニティをつくる
> 5．みんなの研修をみんなでつくる

以下では、1つずつ見ていきましょう。

①日常的な対話の機会

組織のコミュニケーションをよりよくしたい。職員室に限らず、教室でも、その他の組織でも、ほとんどの人はそう願っています。

私たちはつい、いきなりコミュニケーションの質にフォーカスし

①日常的な対話の機会

- ✛ 気楽に話せる（カフェ的会話）検討会として、ラウンドスタディの導入。
- ✛ 対話の積み重ねが、インフォーマルな場でも気楽に話せる関係性へ（量質転化の法則）。
- ✛ 指導案はごく簡単に。授業後、茶話会も！

てしまいがちです。でもそれは大抵うまくいきません（研究協議会のお通夜のような状況を思い浮かべてください……）。

いきなり質の高いコミュニケーションはできないのです。まずやるべきは**「コミュニケーションの量」を圧倒的に増やすこと**です。

私たちの日常的なコミュニケーションも同じです。初対面の人にいきなり「人生のお悩み相談」ができるわけはありません。趣味や好きなことなど、たくさんの浅いコミュニケーションを積み重ねていく中で、徐々に関係性が構築され、深いコミュニケーションが可能になっていきます**（量質転化の法則）**。

組織も同様です。まずは浅くてもいいので、コミュニケーションの量を積み重ねることです。

とはいえ、これまで行ってきた「研究授業モデル」を手放すのにも勇気が入ります（同僚からの抵抗も予想されます）。そこで、研究授業モデルとコミュニケーション量を両立させる方法として、ラウンドスタディ*4という方法を導入しました。

ラウンドスタディとは、ワールドカフェの「形式」を応用した研修法

で、気楽なカフェ的な会話がベースになっています。毎回の研究授業後の協議会をこのラウンドスタディにすることで、授業をもとにコミュニケーション量を増やしくいったのです。回数を重ねるにつれ授業について気楽に話すことが文化となっていきました。終了の合図を出しても止まらないほどでした。この方法の利点は、経験によらず全員がフラットに話し合いに参加できることです。

　回数が10回を超え、コミュニケーションの量が増えていったことで、質的変化も起きていったようです。研修後もホワイトボードを囲んで話が止まらなかったり、放課後の職員室でインフォーマルに授業の話に花が咲いたり。そこから新しいチャレンジも次々に生まれていったそうです。詳しくは第 2 章以降でその熱を感じてください。

　また、学習指導案の形式を A4サイズ 1 枚のシンプルなものにすることで負担を軽減したり、協議会後、茶話会を開いてジュースとお菓子でおしゃべりの続きをしたり、という小さな工夫もされていました（私も茶話会におじゃましました）。

「職員室で実践の話を自然にするようになる」。

　まず目指すべきは、この文化です。

②学び手になってみる

　三小のアプローチで特徴的な 2 つめは、**「子どもが授業で行った学びを教員も実際に体験してみる」＝「学び手になってみる学び」**です。

　例えば、研究授業で子どもがホワイトボードでの可視化を活用した相互インタビューを行った場合、その後の研修会でも実際に教員が同じよ

＊4　6つの Round（Round0　課題を共有する　Round1　伝え合う　Round2　異文化に触れる　Round3　つなぎ・深める　Final Round　新しい知を創造する　RoundE　振り返る）で構成された研修法。ワールドカフェの手法を活用したもの。詳しくは、石井英真・原田三朗・黒田真由美『Round Study　教師の学びをアクティブにする授業研究』東洋館出版社（2017年）参照のこと。

うに相互インタビューを行ってみます。研究授業で、てつがく対話[*5]を行った場合は、研修会でも教員が実際にてつがく対話を行ってみます。

　ある研修では、プロジェクトアドベンチャー[*6]を90分間、教員同士でじっくり体験しました。

　実際にやってみることで、**「学習者が何を体験し、何を感じ、何を考え、何がしたくなったのか」が体感できる**のです。このことを、東京学芸大学教職大学院の渡辺貴裕さんは、**「学び手感覚を磨く」**と表現していますが、まさにそのアプローチです。

　どうしても教師は、先生目線で授業を振り返ったりしてしまいがち。板書がどうとか、発問がどうとか、教師の振る舞いに目が入ってしまうのです。もちろんそれも大事なのですが、最も大切なのは、学習者にとってその時間がどうだったか、です。

　その時に重要になるのが、**「学習者視点から授業を見直す」**ということです。教師教育学者のコルトハーヘンは、授業の行為の振り返りを促す際の８つの問いとして、以下をあげています[*7]。

1．私は何を望んでいたのか？	5．相手は何を望んでいたのか？
2．私は何をしたのか？	6．相手は何をしたのか？
3．私は何を考えていたのか？	7．相手は何を考えていたのか？
4．私はどのように感じていたのか？	8．相手はどのように感じていたのか？

コルトハーヘン（2010）136頁をもとに筆者が加筆修正

＊５　1970年代にアメリカで始まった教育運動「子どものための哲学」に由来。答えのない哲学的な問いを、参加者みんなで問い、一緒に考え、話し合っていく。具体的なやり方については、映画『小さな哲学者たち』等を参照のこと。

＊６　チームでの冒険活動（アクティビティ）を通して、失敗と成功を繰り返し、信頼関係、自分や相手を尊重する態度等を育てる体験学習プログラム。詳しくは、プロジェクトアドベンチャージャパンのHP（http://www.pajapan.com/）を参照のこと。HPでは、PAの本も多数紹介されている。

＊７　Ｆ・コルトハーヘン、武田信子監訳『教師教育学』学文社、2010年。

授業を振り返ったり、検討したりする際、意外と抜ける視点は、「相手は」です。学校文脈で言えば「学習者」視点から振り返ってみること。

例えば、「その時、子どもはどう感じていたのだろう?」「その

学習者体験をすることで、学習者視点で授業を見直す

	文脈はどのようなものだったか	
	教師	学習者
Want	教師が何を望んでいたか	学習者が何を望んでいたか
Do	教師が何を行ったか	学習者が何を行ったか
Think	教師が何を考えていたか	学習者が何を考えていたか
Feel	教師が何を感じていたか	学習者が何を感じていたか

コルトハーヘン(2010)p.136をもとに加筆修正

時、子どもはどんなことを考えていたのだろう?」と学習者から眺め直してみることで、授業の振り返りに新たな視点がもたらされます。

その視点を身につける一番の近道は、**「学び手になってみる」**ことで、「学び手感覚を磨く」ことです。授業で見たことを直後に実際にやってみることで、「ああ、あの時、あの子はこんな感じだったんじゃないかな?」とリアリティをもって考えられます。

三小で大切にされていた学び、それは教職員が「学び手になってみる」こと。そして、その学びで起きる感情を子どもと共に味わっていたことです。それは③の「入れ子構造」につながります。

③入れ子構造[*8]

校内研修を企画する上で、村上さんと2人で意識してきたことは、**「研修でやったことがそのまま日々の授業で生かせるようにすること」**です。

自身が研修で体験したことを、

③入れ子構造

- 研修での学び自体を、教室で活用可能にするデザイン
- ワールドカフェ的な話し合いの手法、ホワイトボードでの可視化、哲学対話、ペアトーク、KJによる議論の分類 等
- 良い学び方は年齢を問わない。
- 学級で大切にすることと,職員室で大切にすることは実は同じではないか?

[*8] 東京学芸大学教職大学院の渡辺貴裕さんは、この入れ子構造を「同型性」と呼び、「働きかける対象(学校教員にとっての子ども、大学教員にとっての学生や学校教員)に求めることは自分・自分たちも体現していなければならない」と述べている。

「今日やったことって、教室でも生かせそうですよね。どんなふうに生かせそうですか？」

と体験を振り返って翻訳することを大切にしてきました。

例えば、ワールドカフェ*9、ホワイトボードによる思考や議論の可視化、学びのフォーメーション（座り方、集まり方）、ペアトークや小グループでの対話、KJ法*10、振り返りの重視（振り返りジャーナル*11等）など、研修場面で用いられていた様々な学び方が教室でも活用されるようになりました。

校内研修の場面での教員の学び方と、教室での子どもたちの学び方は実は同じではないか？　いい学び方であれば年齢を問わないはずです。つまり、職員室と教室は同じ原理でより良くなっていくのではないか、入れ子構造になっているのではないか、という仮説から研修をつくっていきました。

教室での学びと、職員室での学びがダイレクトに結びついている。この入れ子構造の重視が三小の特徴です。研修の度に子どものように（時には子ども以上に！）楽しそうに学んでいたのが印象的です。

研究発表当日に配られた『研究紀要』の中には、1人1人の先生方の「私の考える信頼ベースの学級とは？」が載っていました。先生同士で

---

*9　アニータ・ブラウンとデイビッド・アイザックスによって開発されたオープンな会話を生み出す話し合いの手法。詳しくは『ワールド・カフェ　カフェ的会話が未来を創る』ヒューマンバリュー、2007年を参照のこと。

*10　出された意見、アイデアを同じ系統でグループ化し、情報の整理と分析を行う手法。文化人類学者の川喜田二郎が考案したため、イニシャルをとってKJ法と名付けられている。

*11　日々の出来事を振り返り、記録するノート（B5サイズの半裁）。子どもたちは、その日、その授業や出来事について、学んだこと、思ったこと、感じたことなどを自分の中で振り返りながら、ノートに書く。先生と子ども、1人1人をつなぐ、大事なツールでもある。詳しくは、岩瀬直樹・ちょんせいこ『「振り返りジャーナル」で子どもとつながるクラス運営』（ナツメ社、2017年）等を参照のこと。

インタビューし合った
ものだそうです。いく
つかの学級で相互イン
タビューや記事づくり
を実践していました。
それを大人もやってみ
たわけです。その言葉
を右に抜粋してみます。

これらを読むと、私

私の考える信頼ベースの学級とは？」の記述より（相互インタビュー）

+ 信頼ベースの学級とは、子どもたち自身が、自ら考えて行動し、学級に関わっていくことで、構築されていくのだと実感しています。
+ 些細なことでも気になったらすぐに話せるという雰囲気や関係です
+ 高め合っていく関係を築くことのできる学級
+ まず私自身が子どもたちに信じてもらえるよう、安心感を与えることです。それは1ヶ月や2ヶ月でできるようなものではなく、1年を通して学期の終わりのころにやっとクラスが出来上がってきたという実感がじわじわとわいてくる程度です。
+ 人間である以上、好きもあるし、嫌いもあります。でもどんなときもお互いに程よい距離感を持って活動できる居心地のいい学級にしていきたい。

は、「ああ、これは学級に限らないよなぁ。職員室も、いや他の組織に
おいても、同じように大切にしていきたいことだよなぁ」と思うのです。

ここにも入れ子構造が見て取れます。こんな学級にしたい！　と思っ
たら、まず自分が当事者である学年や職員室をそんな組織にすることを
目指す。だからこそ、三小の研究テーマは「聴き合い、語り合い、深め
合う子供たち、**そして私たち教師**」でした。そもそもの研究の目標にも
入れ子構造が目指されていたのです。

④実践コミュニティをつくる

「実践コミュニティ（Communities of practice）」とは、「あるテーマ
に関する関心や問題、熱意などを共有し、その分野の知識や技能を、持
続的な相互交流を通じて深めていく人々の集団[*12]」のことです。

これを組織の中で積極的かつ体系的に育成し、中枢的な役割を担わせ
ることが、組織を成功させる鍵だと言います。ヴェンガーによれば、
「実践コミュニティ」は次の3つの基本的要素で成り立っているそうです。

＊12　エティエンヌ・ウェンガー他『コミュニティ・オブ・プラクティス　ナレッジ社会の新たな知識形態の実践』翔泳社、2002年。

○領域

　その実践コミュニティが、どのような問題を範囲とするかという定義。どんな領域を設定するかによって、実践コミュニティの育成される方向が決まる。

○コミュニティ

　実際に相互交流する、この領域に関心を持つ人々の集団を指す。このコミュニティがどのような関係かによって、実践コミュニティの豊かさが決まる。実践コミュニティがうまく機能すると、お互いのモチベーションを高め合ったり、信頼関係を生み出したりする。

○実践

　コミュニティが生み出し、共有し、維持する特定の知識のことである。共有する、一連の枠組やアイデア、ツール、情報、文書、などである。言い換えれば、創出された知識ということ。

　簡単に、やや乱暴に言い直せば、

１．一緒に取り組める実践があること
２．相互交流、相互貢献によって学べる関係があること
３．それによって新しい知識を生み出すこと

　ということです。この３つの要素がうまくかみ合うと、「実践コミュニティ」は「理想的な知識の枠組、つまり知識を生み出し、共有する責任を担うことのできる社会的枠組」となります。このように述べられると難しい感じがしてしまうかもしれませんが、そんなことは全然ありません。
　このような「実践コミュニティ」は、「人類が洞窟に住み、たき火の周りに集い、獲物を追いつめる作戦や矢じりの形、食用に適する草の根などについて話し合っていた太古の昔から続く、人類発の知識を核とした社会的枠組」だと、ヴェンガーらは言います。

今で言うならば、例えば、道端に集まって子育ての悩みの解決策やコツをやりとりする地域のお母さんたち、定期的に工房に集まって、陶芸の新しい作り方をあれこれと議論し合う陶芸家たち、料理サ　クルをつくり、順番に自分のレシピを紹介し合うことにより新しい料理を身に付けていくパパ・ママたち、等々。

　彼らは、相互交流に価値を見出しているからこそ集まり、問題を解決したり、新しいアイデアを出し合ったり、助言を与え合ったりする。色々な考え方をもった人が集まって共に学習することの価値を認めているからこそ集まっている「実践コミュニティ」なのです。

　その価値は、何も新しい知識を獲得できる、生み出すことができることにとどまりません。そのコミュニティの中で理解し合える人と出会い、信頼関係をつくって、その集団に属しているという満足感も得られる可能性もあります。

　何より大切なのは、**自主的であり日常的であること**。三小では、**校内に自主的なサークル（実践コミュニティ）**が生まれています。プロジェクトアドベンチャーサークル、ホワイトボード・ミーティング®*13サークル、てつがく対話サークル、教科教育サークル等々。ある日の研究会当日には、職員室の黒板に「パターンブロック研修」のお誘いが書かれていました。すべて「この指とまれ」の自由な参加です。

　このような自主的な学びが大切にされている、奨励されている背景には、校長先生、副校長先生のリーダーシップが見逃せません。引っ張るリーダーシップ、トップダウンのリーダーシップではなく、自由な試行錯誤やチャレンジを奨励する文化をつくるリーダーシップ（**サーバント**

＊13　2003年にちょんせいこ（株式会社ひとまち代表）が開発したホワイトボードに意見を可視化する話し合いの手法。詳しくは、株式会社ひとまちHP（https://wbmf.info/）を参照のこと。

＊14　ロバート・K・グリーンリーフ、金井壽宏監訳『サーバントリーダーシップ』英治出版、2008年。

リーダーシップ[*14] です。

「どんどんやってみるといいよ！」という支えがあるからこそ、教員はより主体的になれます。この他にも、定期的に**実践交流会**[*15]も行われています。

⑤みんなの研修をみんなでつくる

　三小の２年間のチャレンジは、何も一直線に進んできたわけではありません。様々な葛藤がたくさんあったと聞いています。

　葛藤や混乱が生まれた時、私たちは、それにどう向き合えばいいのでしょうか？　その時に、研究主任（村上聡恵さん）と副主任（高田有香さん）がしたこと。それは、「困っている」という吐露でした。

　なぜこのような研修にしたかったのか、今何に困り、何に悩んでいるのか。

　研究主任、副主任の想い（ナラティブ（物語））が語られました。それは、苦しい思いや痛みの自己開示を含むものでした。その語り

⑤みんなの研修をみんなでつくる

「研修がうまく進まない」

「異動があって温度差が生まれてしまった」

こんな悩みが生まれたとき，私たちはどうすればよいのでしょうか？

は同僚の感情や思いに届きました。その吐露をきっかけに教員の対話が始まったのです。「それぞれが感じている、今モヤモヤしていることを出し合おう、ではこれからどうしていけばよいか考えよう」と進んでいきました。みんなが当事者になった瞬間です。自分たちの職場のことを自分たちで考え、なんとかしていく。この時、私は講師として参加していたのですが、私の出番はほぼありませんでした。

　その当時、私は夜間に東京学芸大学教職大学院の授業を１コマ担当し

＊15　それぞれが教育実践のレポートを持ち寄って交流する会。それによってポジティブなコミュニケーションを増やし、同僚性と協働文化をつくる。

ていました。その中で三小の研修を紹介していただく時間を設けました。研究主任の村上さんにお願いしたところ、「せっかくなので、先生方にも声をかけてみますね」とのこと。

　そうしたら、当日はなんと20名の先生方が来てくださいました。勤務時間外に20名の先生方が、大学院の授業のゲストとして来てくださったのです。「みんなでつくってきた研修」だからこそだなと感動しました。

　その授業の中での村上さんの語りを紹介します。

「先ほど、○○さんが、『子どもってすごいって思った』って言っていましたが、私は研究主任の立場になって、一番感じたのは、先生たちの力ってすごいなって。やっぱりすごい悩んだんですよ、正直いっぱい。でも悩んだ時に、これどうしたらいい？　って投げかけた時に返ってくる先生たちのパワーがすごかった。それがすごいありがたかったですし、今まで『場を信じる』とか、『人の力を信じる』って、そういう言葉は聞いていましたが、実際に自分で本当に人って力があるんだなとか、職員室って場には力があるんだなって感じたのが、この研究だったなって思いました。」

　このあり方が「みんなでつくる」につながっていったのでしょう。
以上、これからの章を読み進める上での補助線として５つのアプローチを紹介しました。

　繰り返しになりますが、三小で注目すべきポイントは、「内容」だけではなく「形態」に焦点を当ててきた、つまり、**何を研究するか（コンテント）だけではなく、どのように研究を進めるか、職員室にどのような関係性をつくるか（プロセス）に焦点を当てた**ところです。それは、「信頼をベースとした学び合える職員室」という言葉に表れています。
端的に言えば、**校内研究・研修を通じた組織開発**だったのです。

公立の学校は変われる！

　多くの学校では研究発表が終わると、「あー、やっと終わった！」と
ゆるやかにフェードアウトしていきがちですが、三小では、研究発表が
終わってからさらに加速していったようです。教員の学び、校内研究の
進化は止まらず、変化し続けています。研究発表がなくなった3年目の
ほうが熱量が高いくらいです。

「月曜日に行きたくなる職員室」を一緒につくった同僚には、研究発表
が終わった時に、こう言われました。

「岩瀬さん、これはこの学校だからできたことじゃないということをい
つか証明してほしい。」

　と。三小のチャレンジは、この時の成果を大きく大きく超えるもので
した。そう、公立の学校は変われるのです。10年以上の時を経て、同僚
の声にようやく応えられました。

　私たちには力がある。私たちはいつからでも成長できる。そんな可能
性に出合った大人は、子どもの力、子どもの成長、子どもの試行錯誤を、
自分の経験を核に本気で信じられるのではないでしょうか。

　職員室で体験した大切なことを教室でも大切にするのではないでしょ
うか。**職員室と教室はつながっている。**だからこそまずは、校内研究の
変化から、なのです。

　とはいえ、その道筋は決して楽なものではありませんでした。本書は
その道筋を研究主任の村上さんの視点から赤裸々に振り返り、描き出し
た貴重な記録です。ここまで書いてきたことを補助線に、2年間の冒険
の追体験に出発しましょう。

第2章

校内研究・研修を通じた「組織開発」という挑戦！

村上聡恵

プロローグ

「私の学校もいい職員室にしたいんです。どんなことをすれば職員室は変わるのでしょう?」

「三小の校内研究に刺激を受けたのですが、どうやって進めてきたのですか?」

2018年12月7日、東京都小金井市立小金井第二小学校(以下、三小)研究発表会。やりきった充実感と、終わってしまった寂しさが入り混じった気持ちでいる私のもとに、研究発表会に来ていただいた様々な方から質問が届きました。

聞かれたことに対して私なりに精一杯答えてみるものの、何かが違う……という思いが心に。これまでも、指導案の形を変えてみたことや、協議会の方法を変えてみたことなど、校内で取り組んできたことを紹介する機会は何度かありました。でも、三小でやってきたことを、ただそのまま自分の学校に取り入れたからといって、うまくいくはずがない……、私が本当に伝えたいことは、もっと別にある気がする……、そんなことを思っていました。

慌ただしい2学期が終わり、冬休みに入りました。思いっきり駆け抜けたこの2年間のことを、私は少し冷静になって振り返ることができました。3年前、三小に異動してきた時のこと、校内研究をスタートした時のこと、みんなで学び合う楽しさを感じられるようになってきた頃のこと、私たちの中にできた溝に悩んだこと、みんなの力でそれを乗り越えたこと……。私の中でこの2年間のたくさんのエピソードが色鮮やかによみがえってきました。

今、浮かび上がってきたこの思いを書き留めておきたい。三小の先生方と共につくってきたかけがえのない経験を記録としてきちんと残して

おきたい。一緒に歩んでくれた先生方へ感謝の気持ちを伝えたい。そんな思いから、改めて、これまでのことを振り返り、まとめておきたいと思ったのです。

　また、研究発表会に参加し、自分の学校も変えていきたいと思ってくださった方々と、校内研究を進める中で起きたこと、悩んだこと、それに私たちがどのように向き合ってきたのかということ、そんな1つ1つのエピソードを同じチャレンジをしている仲間として、共有したいとも思いました。やり方だけではなく、三小の校内研究のプロセスこそ私の伝えたいこと、伝えるべきことだと思うようになったのです。

　さて、私たちは2年間（2017年度〜2018年度）岩瀬直樹先生と一緒に校内研究をつくってきました。岩瀬先生は、こちらに進むべき道があるよ……とその先の道を照らしてくれたり、横を共に歩いてくれたり、進むべきか迷っている私たちの背中をそっと後押ししてくれたり……。

　岩瀬先生と歩んできたからこそ、三小は変わることができました。そんな岩瀬先生への感謝の気持ちも込めて、私たちの歩みをこれから書き進めていこうと思います。

2015年4月〜2016年3月
教職大学院での学び

　私の校内研究への思いは、教職大学院での学びがあったからこそ生まれたものです。研究発表会までのエピソードを語るにあたり、まずは、東京学芸大学教職大学院での1年を振り返ってみようと思います。

　東京都から派遣され、教職大学院で学んだ1年は、私が変化した大切な時間でした。でも、入学当初から学びのスイッチが入っていたわけではありません。教職大学院への派遣を希望したのは、外の世界に触れたかったから……。ぼんやりと、特別支援教育について学びたいとは思っ

ていましたが、明確な目標はこの時の自分にはなく、すぐには学びに気持ちが向かっていかなかったのです。課題も授業も私の中ではサラッと流れていく感じで、数ヵ月が過ぎていきました。学びのコントローラー*1 を差し出されているのに、受け取らずにいた状態。

　入学してすぐ、岩瀬先生の「学級経営」の授業が始まりました。一言でいうと、衝撃的！　岩瀬実践*2 の動画はかなりのインパクトがあり、初めに私が感じたことは、「何、これ？」でした。

　教室の中に畳があったり、入り口には暖簾がかかっていたり、自分の経験してきた世界とあまりにも違いすぎて、感情が追いつかなかったのだと思います*3。

　その時の私は、岩瀬実践を自分の教室に持ち込もうとは思っていなかったですし、別世界の特別な実践だと捉えていました。他の現職院生*4 のみんなもおおむね同じであったのでしょう。授業後は必ず、

　「なんで授業中にビデオが撮れるの？」「公立小学校であれが許されるの？」「私たちはこういうことをやらなきゃいけないということ？」

　など、実践の否定から対話は始まっていました。なんだか、私が今までやってきたことを全否定されているような気持ちになったのです。一

＊１　岩瀬の造語。岩瀬は自分の学びを操作する装置（コントローラー）は、自分で持つものだとし、学びとは、時に他者の力も借りながら試行錯誤すること、体験の積み重ねだと述べている。

＊２　埼玉県公立小学校教諭時代に岩瀬が行っていた学習者主体の教室実践。詳しくは、青山新吾・岩瀬直樹『インクルーシブ発想の教育シリーズ②　インクルーシブ教育を通常学級で実践するってどういうこと？』学事出版、2019年を参照のこと。

＊３　岩瀬：私が教職大学院の教員になって１年目の授業のことです。村上さんに限らず、東京都派遣の多くの現職院生からは同じような否定的な反応が多く、内職をしている人も多かったスタートでした。教師教育の難しさを痛感した１年目。まさかこの後、一緒に校内研修をつくる関係になるとは当時は思いもしませんでした。

＊４　すでに教職に就きながら大学院修学休業制度等を利用して入学した院生は、現職院生と呼ばれる。

方で、映像に映される子どもたちのエピソードには、心が惹かれ、温か
い気持ちになっていました。子どもたちが自分から学びに向かっている
姿。お互いの成長を支え合い、認め合う姿。自然に聴き合い、語り合っ
ている姿。私がこれまでに見たことのない子どもたちの姿がそこにあり
ました。すごい子どもたちだな……と思いながら、映像を見ていたこと
を思い出します。

　けれども、まだその頃は、岩瀬実践の奥に流れているものを掴もうと
か、考えようと思う段階ではありませんでした。私とはかけはなれた世
界。手の届かない世界。でも子どもたちの姿にはなんとなく惹かれる
……。何か引っ掛かる。だからこそ、なのかもしれません。のちに、岩
瀬先生に校内研究の講師をお願いしたいと思ったのは……。

　前期の授業を終え、夏休みに入る頃、私たちは、

「これでいいの？　このままでいいの？」

　と、盛んに話をしていました。教職大学院に入学して4ヵ月。決め
られた授業を受け、やらなければならない課題に追われ、学ぶことを楽
しめていない自分たちを自覚していました。数人で不満を漏らしながら
帰る日もあった中、新しい学びの場をつくるために現職院生の依田真紀
さんが動いてくれました。それが、自主ゼミ「F3」[*5]です。

「F3」は、ファシリテーションの“お稽古”をする場でした。1週間
に1度、それぞれが研修を企画し、実践。その後、参加者全員で『教師
教育学』（F・コルトハーヘン編著、学文社、2010年）にある8つの
問い[*6]をつかってリフレクション。じっくり、ゆったりと対話を積み
重ねることによって学ぶ。「楽しく学ぶってこういうことか！」教職大

＊5　村上：F3とは、同期の有馬佑介さんが名づけ、2015年度に在籍した現職院生が、
　　対話を繰り返しながら、新たな知を創造する空間としてつくられたものです。学び続
　　ける教師としてお互いを高め合える場、自らの小さな勇気を後押ししてくれる場でも
　　あります。

学院に来て、初めてそんな気持ちになった時間でした。

　私が本格的に「F3」に参加できるようになったのは、課題研究の実践が一段落した10月後半ぐらい[*7]でした。その頃から、現職院生の関係性が変わってきたことを感じていました。授業の合間も、とにかくよく対話するようになりました。課題研究のこと、その日受けた授業のこと、レポートのこと、読んでいる本のこと……。

　信頼できる仲間と対話することによって刺激を受け、学びが広がり、深まっていくことを実感できるようになったのです。何より、自分らしくいられるこの空間が心地よく、ここで過ごすことが楽しいと感じるようになっていました。そんな時間や場が徐々に私を学びに向けさせてくれました。

　この「F3」での経験があったからこそ、のちに私は、「職員室をもっとよい学びの場に変えたい！」と考えるようになったのです。

　「F3」での学びについてもう１つ。私にとって「F3」での大きな学びは、富士ゼロックス KDI フューチャーセンター、富士フィルムなどといった企業を訪れたことでした。そこで得た刺激は今でも心に残っています。教育の世界の、その中でもすごく狭い世界しか見てこなかった私には、強すぎるぐらいの衝撃でした。スキルドワーカーとナレッジワーカー[*8]の話は、自分の捉えていた教師の成長のイメージを全く変えてくれました。

　私がそれまで考えてきた教師の成長は、よいと言われている１つ１つ

＊6　「（私・子どもたちは）何をしたかったのか？」「（私・子どもたちは）何をしたのか？」「（私・子どもたちは）何を考えたのか？」「（私・子どもたちは）何を感じたのか？」の８つの問いを通して、「本質的な諸相への気づき」を促す。

＊7　岩瀬：おもしろいもので、現職派遣で教職大学院に来られた方々が、これまでの実践や教育観を一旦脇に置いて（アンラーン）、０ベースで学校や教育を考え直すようになるのが毎年秋頃なのです。これまでの前提を手放すのには半年はかかるようです。現場を離れて学校教育を捉え直すにはそれくらい時間がかかるようです。

の技術や手法を身につけていくこと。そしてそれを教室の中で再現していけるようになることのようなイメージでした。そんな中で聞いた、「ナレッジワーカーの時代へ」の話。学校の中で「知を創造する」ってどういうことなのだろう……。具体的にイメージすることはできませんでしたが、私がこれまで考えていた学校、授業、教師の枠組みはものすごく狭いもので、そこから考え直さなければといけないんだという気持ちになりました。

　また、企業が求める人材の話からは、私が学校で行ってきたこととのズレを感じました。新しいことに挑戦し続ける強さ、自分で考え抜く力、クリエイティブで柔軟な発想。企業で求められている力を知り、私がこれまでよかれと思ってやってきたことは、本当に子どもたちにとって価値のあることだったのだろうか……という気持ちになりました。これまで、学校教育の先にある社会とのつながりを考え、教育を見つめることはなかった……。

「もっと外に目を向けなければいけないんだ！」「もっと視野を広げて教育を考えることが必要なんだ！」

　そんな気づきを得た出来事でした。

　さらに、この企業見学*9をきっかけにして、私たちは「組織開発」

―――――――――

＊８　スキルドワーカー（熟練工）…経験を積み、熟練した技能（スキル）をもっている作業労働者（ワーカー）のこと。　ナレッジワーカー…オーストリアの経営学者・社会学者のピーター・ドラッカーが『新しい現実』（1960年）の中で提唱した造語。企業に対し、知識（ナレッジ）によって新たな付加価値を生み出す労働者（ワーカー）のこと。情報収集能力、論理的思考力（ロジカルシンキング）、斬新な発想力が求められる。

＊９　岩瀬：学校のでの学びや研修のあり方を相対化するためには、学校以外の組織や学びに出会うことが視点を変える近道です。私に「変われ」と言われても反発を招くだけですが、「このままではダメなのかも？」という経験は、学びに向かいます。富士ゼロックスの見学を提案したのは、そんな理由からでした。「視点が変わるものへの出会い」は研修等では常に意識していました。

という視点をもつようになりました。学び合い、成長できる組織（職員室）にしていくには何が必要なのか、ミドルリーダーといわれる自分たちにできることは何なのか、そろそろ現場に戻ることを意識し始めた私たちは、そのことについて盛んに対話をするようになりました。

　私が校内研究について考えるようになったのは、教職大学院での１年が終わりに近づいてきた頃のこと。後期の授業で、自分の関心があるテーマについて調査し、学卒院生[*10]に向けて発表する「リサーチ＆プレゼン」という課題が出されたのです。私が選んだテーマは「保幼小連携」。一緒に課題に取り組むこととなった現職院生の徳永明子さんと時間を見つけ、様々な保育園、幼稚園、小学校を訪れました。

　最も印象的だったのが、品川区立第一日野小学校（以下、一日野小）です。酒井敏男校長先生に初めてお会いした時、
「うちの学校は、教師のセンスを磨く研究をしているんだよ。」
　ということを聞きました。校内研究で教師としてのセンスを磨く？そんなことができるのだろうか……。保幼小連携の研究をすることによって、教師１人１人の子ども観、教育観が磨かれていくのだという説明を聞いて、私は校内研究に対しての見方が広がった気がしました。

　校内研究といえば、ある１つの教科について、“こうしていきましょう”という形が決められ、授業研究をしていくもの。そんなイメージがあったのです。こんなふうに教師の根っこ[*11]について学べる校内研究があるんだ。おもしろそう！　やってみたいなぁと思いました。

　さらに、私の校内研究への思いを強くしたのは、西東京市立栄小学校

---

*10　学部を出てそのまま大学院に進学した教職経験のない大学院生のこと。ストレートマスターともいう。

*11　岩瀬：教師の根っことは、技法や方法以前に、「そもそも教師は何のために存在しているのか」「私はどんな教師になりたいのか」「子どもをどんな存在として見るのか」等の問いの回答となるような教育観・子ども観、さらに言えばその人自身や価値観やあり方など「私が教師であることの根幹」のことです。

（以下、栄小）の研究発表会*12でした。講師として呼ばれていた岩瀬先生の講演をみんなで聞きに行こうということになり、現職院生で誘い合って参加しました。栄小の研究発表会は、「こうでなくてはならない」という私の思い込みを変えてくれるものでした。

　授業をしている先生方の楽しそうな姿、参加型の分科会、全体会の会場となる体育館に並べられたホワイトボード……。みんなで学ぼうというメッセージを色々なところから感じたのです。参加した私たちが元気をもらえた研究発表会。初めての経験でした。どうやったら、こんな校内研究ができるのだろう？　今までの校内研究と何が違うのだろう？と、たくさんの疑問が湧いてきました。そして、私もいつかこんな校内研究ができたらいいなぁと、心の奥底に小さな灯がついたのです。

　教職大学院に入学した当時、学びに気持ちが向いていなかった私ですが、卒業を迎える3月には、まだまだ学び足りない、もっともっと学ぶ時間がほしいと思うようになっていました。学ぶ楽しさを実感したからこそ……。この楽しさを生み出してくれたのは、信頼できる仲間との対話でした。こういう場を学校の中につくりたい、教職大学院でできたことは学校でだってできるはず。さあ、いよいよ新しい現場！　この1年間の学びを活かして、「楽しく学び合える職員室」をつくろう！　そんなワクワクした思いを抱きつつ、教職大学院修了の日を迎えました。

＊12　2016年2月9日に行われた研究発表会のこと。「平成26・27年度西東京市立学校教育研究奨励事業研究指定校　自分大好き！　栄の子　自分のよさを認め、自己肯定感を育む授業・活動の工夫」http://www.nishitokyo.ed.jp/e-sakae/shokai/sakaekenkyu/KEN28.html

2016年4月〜8月　研究開始前の1年
岩瀬先生に講師をお願いするまで

　3月に教職大学院を卒業し、数日後、私は府中市の小学校から三小へ異動してきました。

　私にとっては3回目の異動でした。今までの異動と違うことは、小学校から小学校ではなく、教職大学院から小学校へということ。教職大学院で1年間学んだことによって、理想の学校像と現実の学校現場とのギャップ*13を強く感じていました。

　異動して初めに感じたひっかかりは、前担任との引継ぎの時間です。どこの学校でもされているこの情報交換。前担任のフィルターを通して見えていた子どもの姿が語られます。本来はその子にどんなアプローチをしてきたのか、それによって、子どもがどう変わってきたかについて語られるべきだと思うのですが、どうしても教師の困り観が語られがち……。どこの学校にもある4月の光景なのですが、それを聞いている間、モヤモヤして、何か違うよな……と思っていました。

　また、若い先生を中心に、職員室でイヤホンをしながら仕事をしている人が多いことにも違和感を覚えました。放課後、職員室に戻るとイヤ

＊13　村上：教職大学院を修了し、現場に戻ったあと、私たちはよく「知ってしまったからこそ苦しい。」と話していました。1年間、先進的な学校の取組、様々な魅力的な実践を見たり聞いたりして、"こうありたい"は思い描けるものの、そこに近づくために、どこから手をつけていけばよいか、どんなプロセスを踏んでいけばよいかは見えてこない。私たちはそこに焦りを感じていたように思います。
　岩瀬：ザイクナーとタバクニック（1981）は、「教員養成の期間に発達させた多くの考え方や教育的な概念が、現場の経験を積むにつれて『洗い流される』ことを示した」（F・コルトハーヘン『教師教育学』、学文社、2010年、12頁）。学んだことと現場で起きていることのギャップに苦しみ、学んだことが洗い流されてしまう、ということは村上さんに限らず、学生にもよく起きる大きな課題です。

ホンをしながら黙々と仕事をしている先生たちの姿……。そんな状態で
すから、職員室でおしゃべりをしている人も少なく、活気のない職員室
でした。若い先生たちにしてみれば、たくさん仕事を抱えていて、余裕
もなく、こなすしかなかったのだろうけれど、私にとってはさみしい光
景にしか思えませんでした。何で、こんなに会話がないのだろう……と
思いながら、職員室の光景を眺めていたことを覚えています。

　ありがたいことに、学年の仲はとても良好でした。私と同年代の近藤
弘幸さん。教員３年目の宮本涼さん。ダジャレ好きの近藤さんがいつも
私たちを笑わせてくれて、楽しく会話をしていました。私は会話の少な
い職員室を変えたいなと思い、自分からたくさんおしゃべりをしていま
した。なので、その頃周りの先生たちから言われていたのは、
「３年生は、いつも笑っていますよね。うるさいぐらい……」「そんな
に余計なことばっかり話をしていて、いつ仕事しているんですか？」
「雑談９割の学年ですよね〜」

　などなど……。他の学年の先生たちから見ると、ちょっと不思議な学
年と見られていたように思います。私としては、そんなふうに感じても
らうことからスタートだと思っていたので、みんなの反応をうれしく思
っていました。

　こんな職員室だったので、教職大学院を卒業する時に、理想と考えて
いた「楽しく学び合える職員室」とは程遠い感じ。学年で事務連絡や学
習進度を合わせる話はしていても、職員室で授業のことが話題になって
いる感じではない。職員室は各々が仕事をする場であって、「学び合う
場」という考えが先生たちの中にはなかったのではないかと思います。

　そのようなことを感じながら迎えた夏休み。たまたま立ち寄った校長
室で永井秀二校長先生に声をかけられました。
「村上さん、これから三小で何をやりたいの？」
　と。その時、私は何の迷いもなく、
「研究主任をやりたいです。」

と即答していました。一日野小や栄小の校内研究を知って以来、やってみたいなぁという気持ちがずっと心の片隅にありました。その思いがとっさに出てきた感じ。校長先生は、

「校内研究かぁ。三小はしばらく研究発表をやっていないんだよね。どうせやるんだったら、発表もしようよ。」

　と言ってくださいました。私はその時、すぐに岩瀬先生のことが頭に浮かんできて、講師を頼めないかなぁと思いました。教職大学院時代に感じた別世界の実践。岩瀬実践の映像を見て1年以上も経つけれど、なぜか忘れることができない子どもたちの姿。自分が今までやってきたことと違いすぎるからこそ、新しい学びがそこにある気がしました。そこで私から、

「学級経営の研究はどうですか？」

　と提案をしたのです。そんなところに偶然、特別支援教育関係の資料をしまうため、高田有香さんが校長室へやってきました。高田さんはすでに岩瀬先生の実践のことを知っていて、

「え？　岩瀬先生？　だったら絶対に学級経営の校内研究をやりたい！！」

　と言ってくれました。その後は3人で、

「せっかくやるんだったら、おもしろいことをやりたいね。三小からおもしろいことを発信しよう！」

　と話は弾み、そんな偶然の会話をきっかけに、後日私のほうから岩瀬先生に連絡を取ってみることになりました。

　この時、高田さんは家庭科専科。特別支援教育コーディネーターをしていました。私も前任校で同じ特別支援教育コーディネーターの仕事をしていましたので、子どもたちへの支援について時々は話すことがありました。でも、お互いのこれまでのことを詳しく話す間柄ではなく、共通の話題が特別支援教育以外にもあったことに驚きました。

　その日のやりとりの後は、これから何か動きだせそうというワクワク

感でいっぱいに。今から考えると、岩瀬先生には断られる可能性もあったわけですが、そんなことは1ミリも想定していませんでした。

　後日、岩瀬先生にメールを……。

岩瀬先生
　ご無沙汰しております。
校長先生に、教職大学院での学びを還元して……と言われて、今日、校内で研修会をしました。
　"リサーチ＆プレゼン"の経験も、F3での積み重ねも生かせたかなぁと思います。（久々に大人に話すので、緊張しました…）
やってみて感じたのは、先生たちは対話したいと思っていたんだ……ということでした。2学期の授業実践について考えたことを、グループで聞き合い、語り合っている姿を見て、今までの私の捉え方は、違っていたんだなと思いました。チャンスがなかっただけなのかも……と。
研修後、紹介したアクティビティや教材について聞きにきてくれた先生もいたし、教材を貸し出すことにもなり、三小での"はじめの一歩"が出せたように思います。これが次の2歩、3歩と進むように、「この人だったら話してもいいかな」とか「相談してもいいかな」という存在になることが、次の私の目標だなと思っています。
そして実は、もっと前進できそうなチャンスが生まれました！！
夏休み中に、校長先生と来年度の校内研究の話になり、岩瀬先生をお呼びして、学び合いや学級づくりについての研究ができないかということになりました。
唐突で申し訳ないのですが、来年、再来年と2年間、校内研究の講師をお願いできないでしょうか？　学校としては、2年目の研究発表会も視野に入れてということです。是非ご検討いただければと思います。
近々、教職大学院に伺いますので、お話しさせてください。

いよいよ明日から2学期。

39人の子どもたちと楽しい時間をつくっていきます。

村上聡恵

　この後、私は岩瀬先生の研究室を訪れ、講師をお願いしました[*14]。引き受けていただけるというお返事をいただいた時、よかった！　うれしい！　と思いましたが、私にはまだ、「これから、しっかりやっていかないと……」という覚悟みたいなものはありませんでした。

　まだやったことがないことにチャレンジできるなんて、楽しそうだなぁという気持ちはありましたが、そのプロセスはまったく見えていない状態。もっと言うと、わからなすぎて、これからに対する不安すらも感じていない状態でした。

高田さんの振り返り①
忘れもしない始まりの瞬間

　村上先生に校長室で、「岩瀬直樹さんって知ってる？　校内研究で……」と聞いたあの時。二つ返事で「やりたいです！」と答えていました。以前、職場の同僚に誘われ、西多摩PACE[*15]に参加したことがあ

---

*14　岩瀬：村上さんからこのお話を伺った時は正直驚きました。42頁にあるような出会いでもあったので（笑）。F3という自主ゼミでコミュニケーションも増えていましたが、まさか校内研修を一緒につくっていくような関係になるなんて思ってもいませんでした。研究室にいらした時、私から「まずは2人仲間をつくって下さい」というと「すでに2人います」との答えだったり、私の専門であった学級経営がテーマであり、さらに「職員室づくりをしたい」という村上さんの熱い言葉に心が動きました。私が小学校で研究主任をしていた時の研究テーマ「月曜日に来たくなる職員室」を思い出したのです。当時の同僚に「岩瀬さん、これが特別なことじゃないということをいつか他の学校で証明してほしい」と言われていたことを。とはいえ私自身もこの時は一体どうなっていくのか、道筋は全く見えていませんでした。

りました。「PA（プロジェクトアドベンチャー）」を体感し、甲斐崎先生を知り、「いったいこれは何なんだろう？」と興味をもちました。その時、同じくその同僚の話に岩瀬先生の名前がよく出てきました。その同僚はなかなかユニークな方で、私の知らない新しい教育の在り方や方法について話してくれていたので、自然と岩瀬先生についても知りたい・学びたいという思いがありました。ただ、その時の私は子ども3人の保育園の送迎と仕事の両立でいっぱいいっぱい。学ぶ余裕はありませんでした。

　そして、小金井三小に異動。校長室で岩瀬先生の名前を聞いた時、単純に「何か新しいことが学べそう！」「新しいチャレンジができそう」そんな直感で返事をしていたんだと思います。今思えばとても失礼なことだけど、岩瀬先生の実践について詳しくは知りませんでした。もちろん、研究で職員室が変わる・教員を学ぶ組織にするなんて、全くイメージしていなかったのです。この1年、研究会の時には、一参加者としてPAやホワイトボード・ミーティングを体験していたと思います。家庭科専科で学級を持たない分、実践は多くできませんでした。正直、学級ですぐにPAなどを実践して、「今日やってみたら……」と村上先生に話している若手を見て、羨ましいと思ったくらい。

　ただ、専科なので職員室にいる時間が長い分、職員室の雰囲気が少しずつ変わってきたのを日々感じることができました。以前の職員室より、少しずつ会話の量が増えてきているのを実感したのを覚えています。

高田有香

＊15　甲斐崎博史（学校法人軽井沢風越学園）さんが主宰されているPAを主とした研究会。

2016年9月〜2017年3月　研究開始前の1年
研究をスタートするまでの助走期間

　岩瀬先生に講師のお願いをした後は、次年度のスタートに向けて校内の下地を整えていく期間と考えていました。

　まずは、教職大学院の「学校教育ファシリテーターの養成」の授業を一緒に聴講しようと、校内の先生方に呼びかけました。

「岩瀬先生の教職大学院の授業、来ていいよと言われているので、行ける時は一緒に受けに行きませんか？」

　と声をかけると、

「いいんですか？　自分たちが行っても……」

　という反応でした。みんな忙しい。そして、学校外の学びの場に参加するというのは結構ハードルが高いもの……。全体に声をかけてもきっと参加しにくいだろうなと思いましたので、職員室で1人ずつに、私も行くから一緒に行こうと声をかけていたのです。

　地道に学びの輪を広げていこう。きっと少しずつ参加してくれる人が増えていくはず。そんな思いでいました。毎回の授業には数名ずつ参加。本当にじわじわだけれど、一緒に学ぶ仲間が1人2人……と増えていったことは、私にとってうれしいことでした。

　12月、岩瀬先生に講師に来ていただき、初めての校内研修会[*16]を開

＊16　岩瀬：学校の校内研修等でお話をする時に意識していることは「皆さんの心理的ハードルをさげる」ことです。ただでさえ外から来た人。ここで僕のぶっ飛んだ（？）実践を見せても心理的距離ができてしまうだけなので、絶対に見せません（笑）。むしろ参加していたらうっかり楽しかったという体験、明日からできそうな具体的な方法を持ち帰ることを徹底的に意識します。正論をかざさず、もう1回来てもらってもいいかな、と思ってもらうことが裏の目標です。

きました。いよいよ、次年度の校内研究に向けて、始動。この日の研修
会は、岩瀬先生の実践の動画[17]を見たり、プロジェクトアドベンチャ
ー（以下、PA）を体験したり、ミニホワイトボードを使ってみたり
……。90分の研修会でしたが、あれ、もう終わり？　というほど楽しい
時間だったことを覚えています。これまでの校内研修・研究の場とはま
ったく違って、楽しく温かい雰囲気に私たちは惹きつけられました。

　誰も経験したことのない学級経営の校内研究。2年後には研究発表会
をしよう……と言われ、戸惑いや不安を感じていた先生もたくさんいたは
ずです。でも、こんなに楽しい校内研究ならこれからやっていけるかも
……という気持ちになった研修会でした。その日の先生方の振り返りには、
「常に笑いがあり、とても楽しかった。」「初めて聞くことが多く、勉強
になった。」「明日からやってみたいと思うものがたくさんあった。」

　などなど……。ポジティブな言葉がたくさん書かれていました。

　この研修会の後、私は、先生方の熱が冷めないうちに本や道具を揃え
ることを始めました。まずは、職員室に数冊の『信頼ベースのクラスを
つくる　よくわかる学級ファシリテーション①②③』（岩瀬直樹・ちょ
んせいこ、解放出版社）を並べておいて、いつでも手に取れるようにし
ました。研修会と本とで、先生方はぼんやりと「信頼ベース」のイメー
ジを膨らませているようでした。

　また、ミニホワイトボードを岩瀬先生から寄贈していただいたので、
マーカーを用意して貸し出せるようにしたり、PAの本を紹介したりし
て、先生方の"よし、やってみよう！"につながることを願い、少しず
つ動き始めました。

　職員室の中で、「PAやってみたいです。」「ホワイトボード、貸して

---

*17　村上：この時見た実践の動画は、ホワイトボード・ミーティング® やPAの様
　子を撮影したものでした。岩瀬実践の中でも、刺激の少ないものを見せていただいた
　のではないかと思います。

ください。」という声が聞こえ始めたのはこの頃。

　一方で、みんながみんな、校内研究に対して乗り気ではないことはわかっていました。私たちの多くは、楽しい校内研究を経験してさてきていないのだから、それも当然。加えて、三小では10年ぶりの研究発表会。

「また何かをやらされる……」「学級づくりの研究と言われても経験ないし……」

　といったような声ももちろん聞こえてきていました。そんな思いでいる先生方の気持ちもきちんと受け止めようと思い、年度末の最後の校内研究会の日に、次年度に向けての話をする時間をいただきました。

「今、感じている心配なことをありのままに教えてください。そこからスタートしたいと思うので……」

　と伝えました。学年ごとに話し合い、出された意見は以下のようなものでした。

・信頼ベースと言われても、どんな授業をすればよいのかイメージがわかない。
・研究授業までに積み上げていかなければならないことが多いのが心配。
・信頼っていったい何で測れるのか？
・授業の評価はどうやって行うのか？
・教科を絞らないと、何をやってよいかわからないので不安。

　様々な心配と不安の声が挙げられました。でも、そこで話している先生たちの様子を見ていると、不安な気持ちを出しつつも、これからやっていこうという雰囲気も感じられました。

「助走期間に地道に積み重ねてきたことは意味があった！　大丈夫！きっとやっていける。」

　私は直感でそんなことを思いました。いよいよ４月からスタート。これから頑張っていこう……という気持ちになった校内研究会でした。

　春休み。研究の進め方や校内研究について学ばなければと思い、岩瀬先生が研究主任だった埼玉県狭山市堀兼小学校[18]や甲斐崎博史先生が研究主任だった栄小の『研究紀要』（前掲）を何度も読み返しました。さらに、神奈川県横浜市立永田台小学校の資料を見たり、石川晋先生の校内研修の本[19]を読んだり……。

　正直、わからないことがたくさんあるなぁと思いました。校内研究を通してチームをつくるとか、校内研究で組織開発を……ということに関しては、はっきりとイメージできませんでした。色々と学んではみたものの、なんとなく方向性は見えてきたかなぁといった程度。進みながら学んでいくしかない、そんな感じだったと思います。

　とりあえず、4月の校内研究のスタートでやりたいことは、「どんな校内研究をしていきたいか」ということをみんなでとことん話すこと。校内研究って楽しい。いや、そこまでいかなくても、せめて嫌ではないと思ってもらうことから始めよう。そのためには、対話をするって楽しいを軸に！　と考えていました。

2017年4月　研究1年目
学び手であり、つくり手である私に

　新学期が始まり、校内研究が本格的にスタート。
始業式、入学式後、すぐに第1回目の校内研究会がありました。春休み中に考えていたとおり、「どんな校内研究にしていきたい？」の問いを立てて、

---

[18]　「読む活動を通して、豊かな人間性を育成する指導法の研究― 読書指導を通して―」（2008年）。堀兼小の実践報告集で、校内研修を通した「月曜日に来たくなる職員室」づくりの3年間の試行錯誤の記録。今から10年以上も前に、「トップダウン型の研究の進め方からの脱却」「1人1人のやりたいことが大事にされる研究」をすでに提案していた。
[19]　石川晋・大野睦仁『笑顔と対話があふれる校内研修』学事出版、2013年。

学年ごとに対話をする時間をもちました。ひたすら話し、聴くという、これまでの校内研究にはなかった時間。新年度が始まってすぐの忙しい時期なので、先生方から不満はでないだろうか……とか、ちゃんと話し合ってくれるのだろうか……という不安もありながら、研究会を始めました。

　しかし、始まってみると、そんな心配は無用だったと気づきました。1時間半以上も和やかに真剣に語り合う様子を見て、先生たちは校内研究に関心がないわけではなかったんだ……。こういう時間がなかっただけなんだ……と。そこで語られたことはこんなことです。

- **子どもも教師も心があったかくなる実践を積み重ねていきたい。**
- **成功も失敗もたくさん経験しながら実践していける研究にしたい。**
- **みんなで話し合いながら進める研究にしたい。**
- **とにかくワクワクしたい！（今までやってきた校内研究は、ワクワクしない……）**
- **自分たちのやりたいことがやれる研究にしよう。**

　先生たちの中から溢れ出てきた「こんな校内研究にしたい！」という思いを聞いて、私たちはこれから進んでいける……という気持ちになりました。そして、素直にうれしいと思いました。みんなでこうして前向きにスタートできることって、私がこれまで経験してきた校内研究にはなかったことだったので。

　第1回目の校内研究会を終えると、次に行う研究会をどうするか、岩瀬先生と相談を始めました。

　第2回目の校内研究会は、岩瀬先生の講演会の予定でした。学級経営の理論についての講義をメインにして、授業後の協議会の方法について決められればいいなぁと思っていました。教職大学院の研究室で打ち合わせをしたり、メールでやりとりをしたりして、「当日、お願いします！」のつもりでいた私。そんな中、研究会の1週間前に突然、岩瀬先

生からメールが送られてきました。

（岩瀬先生）ぼくが90分全部使う、じゃないほうがよい気もしてきました。村上さん、水曜のゴールとプログラム案、思い浮かんできましたか？

　と。突然の問いかけに、「えっ！　私……？」となりました。そして、「そうか……。私がやらないといけないんだ。私が考えないといけないんだ。」ということに気づいたのです。

（私）水曜日は、昨年度の研修についておさらいをしていただけますか？　あと、学級経営とは何か、学級の成熟の意味など、理論的なことを教えてもらいたいです。そして、ラウンドスタディを使って模擬研究授業協議会という流れではどうかなぁと思ったのですが……*20。
　精一杯考えての返信。その後、模擬研究授業協議会のテーマをどうす

---

*20　村上：授業後の協議会をどういう形にしていくかについては色々迷っていました。『教師教育学』にある8つの問いを使ってできないか……、永田台小で行われていたワールドカフェの形で行うか……など。迷っている中、岩瀬先生からラウンドスタディを紹介していただきました。これまで三小で行われていた研究協議会は、意見が出しにくい雰囲気があり、発言する人が限られていました。ラウンドスタディを知り、この方法なら今までの重苦しい雰囲気の協議会を変えられそうだと考え、この方法を使うことに決めました。

るか、どんなふうにラウンドスタディを体験してみるかなど、さらに踏み込んだメールのやりとり。何度も何度もやりとりをするうちに、だんだんと私のやりたいことがはっきりしてきました。

　この2年間を振り返ってみると、岩瀬先生からはたくさんの「問い」を投げかけられました。はじめの頃は何と答えればよいのか悩み、考え込むことがたくさんありました。正直、大変……と思っていた気もします。
　でもそのうち、だんだんとそのやりとりが楽しくなっていきました。今、私が必要だと考えていることは何なのか、私がやりたいと思っていることは何なのか、問われ、考え、答える中で私の奥底にあるボヤっとしているものがだんだんと明確になっていく感じ……。問われて、考えて、答えて、また問われて、考えて、答えて……。このサイクルの中で、たくさんの気づきが生まれ、私は学ぶことができました[*21]。校内研究を進める上で、「次はこうしよう！」は大体、このやりとりの中から生まれてきていたのです。

　その後さらに、岩瀬先生から、
「ラウンドスタディのファシリテーターは、村上さんがやったほうがよいと思うのですが、どうでしょう？　前半30分ぐらい、ぼくが話をして、

---

*21　岩瀬：村上さんが書かれていたようなやりとりは意図的にやっていました。研修を進めようとすると様々な不安が襲ってきて、誰かに任せてしまいたくなります。短期的には私がやったほうがうまくいくかもしれませんが、それではずっと私が関わり続けるしかなくなってしまいます。ですから、私の研修デザインプロセスを村上さんと共有し、最終的に村上さん自身が研修をデザインできるようになる、を目指していました。まず村上さんが考えるための「問い」を渡す、その回答をきっかけにやりとりして一緒にプログラムをつくる、という流れで、最初から「正解」を言わないよう意識していました。本来、研究主任には「こうしたい」があるはず。1年後には自分でデザインできるように、と考えて進めていました。誰かへの依存が生まれた瞬間にその研修はうまくいかないというのは断言できます。

後半60分ラウンドスタディでいきますか？」

　と投げかけられました。もともとは全部、岩瀬先生にお任せで講義をしてもらうつもりでしたが、最終的に私が60分、ファシリテートすることになっていました[22]。1週間前の「講師依存」の状態からはガラッと変わっていました。私の中ではすでにやることが明確に見えていて、これなら自分でもできそうな気がする！　というまでになっていました。なので、何の戸惑いもなく、

「はい。やってみます！」

　と答えることができたのです。

　こんなふうに関わっていただいたことを振り返ってみると、岩瀬先生の「伴走者」[23]としてのあり方が見えてきます。もちろん、当時はまったく気づいていませんでしたが……。学びのコントローラー（前掲）は、私が持つものでしょ……というメッセージ。何度も何度

＊22　岩瀬：これは実は結構思い切った提案でした。でも始めが肝心。この校内研修のオーナーは誰なのかをはっきりさせるにはこれがいい！　と思いました。とはいえ、最初は成功体験を積むことが決定的に大事なので、何かあったらいつでもサポートしようと、まるで自分が進めているかのように緊張しながら場にいたことを覚えています。第2回の私の目標は、「村上さんが研究主任としてのコントローラーを持ち、小さな成功体験を積む」でした。後述のように、途中こそアドバイスしたりしながらも、結局は村上さんがやりきりました。尋常じゃないくらい緊張していましたが……。

＊23　元北海道公立中学校教諭、NPO法人授業づくりネットワーク理事長の石川晋は、全国の学校現場を訪問し、教師や学校を支援する活動を「伴走する」と呼んでいる（『授業づくりネットワーク』NO. 33「2020目前！あなたの授業を変える12のポイント」学事出版、2019年）。石川の活動記録は、前掲『授業づくりネットワーク』、『学校とゆるやかに伴走するということ』（フェミックス、2019年）等で読める。本書では、岩瀬を「一緒につくってくれた人＝伴走者」という意味で使用している。

もメールでやりとりを繰り返したことは、足場かけ*24。それによって見通しがもてたら、あとは自分でやってごらん！　と後押し。私が研究主任としての最初の成功体験を積めるように……と関わっていただいたのだとなぁと気づかされます。そして、この関わり、『インクルーシブ教育を通常学級で実践するってどういうこと？』（前掲）に書かれていた岩瀬先生の学級の子どもたちとのエピソードと重なって見えてきます。

　この頃、まだまだ「研究主任」として研究をつくっていくという意識が薄かった私。この出来事によって、私は学び手であり、つくり手であるという意識に変わった気がします。

2017年5月　研究1年目
校内研究を変えるのは「自分」であり「自分たち」

　研修のデザインを岩瀬先生に一緒に考えていただき、迎えた5月17日。第2回目の校内研究会がありました。前半は岩瀬先生から「学級経営の三領域」*25について話をしてもらいました。後半のファシリテーターは私。これから授業後の協議会でやっていきたいと考えているラウンドスタディについての説明と、実際にラウンドスタディの流れを体験する活動をしました。

　この日は、第1回目の校内研究会で話題に挙がった「子どもたちに自治的な力を育てていくにはどうしたらよいか？」をテーマにしました。

---

*24　心理学者、ヴィゴツキーが提唱した「発達の最近接領域」（「現下の発達水準」と「未来の発達水準」の間の領域）について、心理学者ジェローム・ブルーナーが加えた概念。学習者が発達の最近接領域へ進めるように指導者が与える適切な援助。

*25　「必然的領域」（人権問題等、どの学校であっても必然的に行われる指導）「計画的領域」（学習・生活規律の習慣化等、教師によって計画的に行われる指導）「偶発的領域」（児童生徒の人間関係の問題等、偶発的な出来事への対応）の三領域。詳しくは、白松賢『学級経営の教科書』（東洋館出版社、2017年）を参照のこと。

ラウンドスタディの中でも行われる、ホワイトボードを使っての小グループでの対話は、前回の研究会に引き続き2回目。先生たちは慣れてきていて順調に進んでいきました。

　小グループでの対話の後は、グループの意見を短冊にまとめました。短冊を貼りだして、それぞれのグループから話をしてもらおうと考えていたのですが、なんとなく、それだけではもったいない気がしてきました。集まってきた短冊をKJ法でまとめたい。私のほうで分類してしまうか、でも、それじゃぁ……と戸惑っていると、岩瀬先生から、

「先生たちにやってもらえばいいんだよ。」

　というささやく一言。そこで私から、

「同じような意見はひとまとめにして、題名をつけてもらえますか?」

　と先生方に声をかけることができました。その一言で場が動き始めました。

「自分たちでやり切った経験を大切にするというのと、成功体験を積めるように、という意見は、同

じカテゴリーにまとめられるよね!」「リーダーを育てるって書いてあるけれど、どういうリーダーを指しているのだろう?」

　などと、自然と対話が始まりました。なにより場に動きが生まれて、先生たちが本当に楽しそう……。私がまとめてしまわなくてよかったと思いました[*26]。

　先生方がお互いにコミュニケーションをとりながら、自分たちで学びを進めている様子を見て、私はついつい自分がやらなければという気持

ちになってしまうけれど、それは違う。先生たちが当事者として、どんどん活動できる場をつくっていくことこそ、私のやらなければならないことだと気がついたのです。

　第2回目の校内研究会は準備から当日まで、基本的なことを1つ1つ学んだ時間でした。校内研究をどうデザインしていくか、そのためにどんな準備をして、どのような場をつくればよいのかなど、たくさんの学びがありました。その中でも一番大きな学びは、校内研究を変えていくのは「自分」であり、「自分たち」であるということに気づけたこと。1週間前までは岩瀬先生にどうにかしてもらおうと思っていた自分がいました。それが、私がやらないと……に変わり、当日の研究会の中で、私も先生たちと一緒に進んでいく……に変わっていったこと。こんなふうに自分自身が変わっていくことを実感できたことで、私は校内研究と研究主任としての"お仕事"が好きになっていったのです。

2017年5月後半〜6月前半　研究1年目
「まずやってみよう！」と「やってみなよ！」

　5月後半から6月にかけて、研究部*27では初めての研究授業に向け

---

*26　岩瀬：これは事前に考えていた方法ではありませんでした。その場に村上さんと一緒にファシリテーターをしているつもりで場にいて、「どうすれば参加者が学びのオーナーシップをもてるか？」の視点で場にいて思いついてこっそりアドバイスしました。そのたった1回の経験から普遍的なことを学びとる村上さんには脱帽ですが……。私にとっても印象的なエピソードです。先生方がグッと動き出し、第3回目以降の研修の基調ができた瞬間でした。

*27　村上：三小では生活指導部、特別活動部、校内研究部の3つの部会に分かれて校務分掌が組織されています。各学年部会、専科部会の中で、1、2名が校内研究部になります。集まった10名程度の先生方が中心となって校内研究や研究発表会の計画、運営を行っています。私にとっては、先生方の思いや考えをたっぷりと聞くことができたり、私自身の迷いを相談できたりする貴重な場でした。

て諸々のことを決めていきました。今までの「当たり前」を自分たちで問い直しながら、新しいものを生み出していく作業。型にとらわれず、私たちが本当にやりたいことは何か、私たちに今、必要なことは何かを確かめながら、自分たちで校内研究をつくっていけることに、ワクワクしていました。

　まずは指導案の形式について話し合いました。何ページにも及ぶ指導案づくりは、今までの校内研究で負担に感じていたことの1つ。誤字脱字探しに時間をかけていましたが、それは私たちにとって価値のあることだったのかという疑問が出されました。

　私たちがこれから大事にしていきたいことは、授業後の対話の時間。授業を見て語り合うこと、聴き合うことを大切にしていきたい。とすると、授業者がやりたいと思っていることがみんなに伝わればいい。私たちに合った新しい指導案の形を考えよう！

　そんなやりとりを経て、指導案はA4、1枚でまとめるということになりました。A4、1枚で本当に伝わるのかという意見も出されましたが、まずは、試行してみることに。そして、やりながら修正していくことを確認しました。実際、その後何度か修正を重ねて、研究発表会当日の授業デザインとなったのです。

　今、振り返ってみると、「まずやってみよう！」という私たちのあり方は、研究を進める上でとても重要なことだったなぁと思います。自分たちでつくっていく校内研究だからこそ、試行と修正のサイクルを回しながら進める必要がありました。後述する研究発表会後の新たな試行（210頁）も、「やってみないとわからないよね。だからまずやってみよう！」という言葉から始まったものばかり。そんな私たちの試行を支えてくれたのは管理職[28]の永井校長先生、内海美穂副校長先生でした。

「こんなふうに変えてみたいのですが……」

　と私が尋ねると、

「いいよ。やってみなよ！」の一言を返してくれた管理職の先生。その

一言によって私たちは前に進むことができたのです。

　次に話し合ったのは授業後の協議会についてでした。第1回目の研究
授業は、私がすることになりました。となると、協議会のファシリテー
ターは、誰か別の人にやってもらうことになります。私がお願いしたの
は平塚知美さん。

　平塚さんは、教職大学院の同期でした。現職院生と学卒院生で、立場
は違いましたが、一緒に授業を受け、学び合ってきた仲。対話中心の学
びの場は、教職大学院では極々普通のことでしたので、初任者だから
……という迷いもなく、

「私は授業者なので、ラウンドスタディのファシリテーターは平塚さん、
やってくれる？[29]」

　と聞きました。平塚さんはすぐに、

＊28　村上：この2年間、管理職の先生方は、私たちの"やりたいこと"をいつも大切
　　にしてくださいました。チャレンジを肯定的に受け止め、温かい声もたくさんかけて
　　いただきました。だからこそ、私も先生方も思い切って動けたのだと思います。
　　岩瀬：三小の校内研究・研修にとって管理職の方は、「自分たちで良いと思ったこと
　　はどんどんやっていい」という支えるリーダーシップだったと思います。私も2年間
　　本当に自由に関わらせていただきましたし、大学院生の参観も毎回歓迎してください
　　ました。これからの管理職に必要なリーダーシップの1つは「サーバントリーダーシ
　　ップ」（リーダーである人は、まず相手に奉仕し、その後相手を導くものであるとい
　　うリーダーシップ哲学）ではないかと考えています。【参考図書】ロバート・K・グ
　　リーンリーフ『サーバントリーダーシップ』英治出版、2008年。
＊29　岩瀬：私が村上さんにファシリテーター役を提案し、自分でやってみた成功経験
　　が、この行動につながっているとみていました。人は経験したことから変わっていく。
　　私自身のこれからの関わりも徹底して伴走者に徹しようと思いました。ちなみに平塚
　　さんは教職大学院で私の「ファシリテーター養成」の授業の受講者でした。これから
　　の教員養成においてファシリテーターのトレーニングは必須ではないかと考えていま
　　す。見事な立ち振る舞いでした。
　　村上：そのとおりです。岩瀬先生にしていただいたことを私は他の先生方にしようと
　　考えていました。若手の先生たちへの関わりは、第2回目の校内研究会で私が学んだ
　　からこそできたことだったと思います。

...

「私、やります。」

　と答えてくれました。実は、私が平塚さんにお願いをしたのには、もう１つ理由がありました。初任者の平塚さんが初回のファシリテーターをやったら、他の若手の先生たちも次は自分も！　と思ってくれるだろうと期待していたのです。今までの校内研究会は、若手の先生たちが引き気味でした。私はその雰囲気を変えたいと思っていました。予想通り、次の研究授業からは、ファシリテーターを決める時、

「誰かやってくれる？」

　と聞くと、若手の先生たちは自分から、

「やります！」

　と言ってくれるようになりました。

　若手の先生たちにとって「やります！」と自分から手を挙げることは、それなりに勇気がいることです。そんな勇気を出してくれた若手の先生に私ができることは、勇気を成功体験に変えることだと考えて、事前によくよく相談することを意識してきました。協議会の後、

「ファシリテーターをやってみてどうだった？」

　と聞くと、

「やる前は心配だったけれど、やってみればそれほどでも……」

　と話してくれる若手の先生がほとんど。私が管理職の先生に、「やってみなよ！」と言ってもらい、エンパワーされたからこそ、私も若手の先生たちに「やってみなよ！」と伝え、そのチャレンジを支えることができたのだと思います。

　そんなことから、「まずやってみよう！」と「やってみなよ！」という２つの言葉は、私たちが校内研究を進める上でとても大事な言葉だったと感じます。そして、これからも大切にしていきたい言葉です。

67

2017年6月　研究1年目
何をやっても自由……と、私たち4年生のチャレンジ

　6月の第3回目の校内研究会は、学年ごとの相談タイムにしました。小金井市の研究奨励校を受けて1年目。三小の研究主題は、「主体的に生活を創る子ども」となりました。それをもとに各学年で自由に実践を考えて進めていくことを研究部から提案しました。

「どの教科でもいいし、どのような手法を使っても大丈夫なので、まずやってみましょう。チャレンジを大切にしていきましょう。」

　と、私から先生方に伝えました。すると、先生方から、

「本当に、何をやってもいいの？　それが校内研究なの？　何をやっても自由というのは困る……。」

　という意見が出されました。三小で前年度まで行われてきたのは、算数の習熟度別指導の研究でした。「めあて」「自分の考え」「友達の考え」「まとめ」などという掲示物やノートの取り方などを研究部で決め、校内で統一して進めていました。そのような校内研究から「何をやっても自由」というまったく違う研究の進め方に戸惑っていた先生方も当然いました。

「研究部で決めてもらえないんですか？」

　という意見に対しては、

「参考になる資料はここにありますので、学年で相談して決めてください。研究部では決めませんので……。」

　と、私は答えていました。4月に「自分たちのやりたいことがやれる研究にしよう！」と話し合ったばかり。ここは先生たちに覚悟を決めてもらおうと思ったのです。

　学年ごとにどんなふうに話がまとまっていくのだろうと様子を見ていると、資料を眺めながら、何をやっていこうか……という話し合いが始

まっていきました。そうして、ぽつりぽつりとこの1年間の取り組みが決まっていきました。自分たちのやりたいことを自分たちで決めていくということ、子どもたち以上に、私たち教師が経験していないことなのかもしれません。

　さて、先生たちに"チャレンジを！"と言った以上、私も新しいことにチャレンジをしている姿を……と思っていました。

　まずは、初回の研究授業。自分がこれまで経験したことのない授業をしようと考えました。そんな中で私の頭に浮かんできたのは"てつがく対話"。以前、お茶の水女子大学附属小学校（以下、お茶小）の研究会の時に見たてつがく対話の授業を私もいつか実践してみたいと思っていたのです。よし！　やってみよう……。私のチャレンジは決まりました。

　てつがく対話との出会いは教職大学院時代。カリキュラム授業デザインの授業で、学卒院生がてつがく対話を扱った模擬授業を行いました。その模擬授業に参加し、初めて知った活動。その時は、これは何を目的として、何をする時間なのだろう？　いったい何のために対話するのだろう？　と、疑問ばかり湧いていました。でも、そのわからなさが心にひっかかっていて、現職院生の仲間とお茶小の公開研究会に参加することにしました。

　お茶小のてつがく対話をする子どもたちの様子を一言でいうと、のびやか。自分が考えたこと、思ったこと、感じたことを思い思いに楽しそうに語る姿が印象的でした。正解のない問いだからこそ、子どもたちは自由に語ることができる。そして、お互いの違いを感じ、受け止め合うことができる。サークルになって対話する子どもたちを実際に見ることも初めてだったので、どんなふうにしたらこういう場がつくれるのだろう？　と思いながら授業を見ていました。そして、私も学校に戻ったら、子どもたちと一緒にこの実践をしてみたいなぁと考えていたのです。

　6月に入り、私は学年の先生に、
「研究授業で、てつがく対話っていうのをやってみたいと思っているん

だけど……。」

　と相談しました。するとすぐに、おもしろそうだからやってみようということになりました。同じ学年を組んでいた佐野進さん、近藤さん、宮本さんはいつも、「いいよ、一緒にやってみよう」と返してくれる存在でした。私にとっては共にチャレンジができる大切な "ホーム"。いつも学年で一緒にチャレンジすることができて、本当にありがたかったです。

　それからは、4人で『小さな哲学者たち』*30の映画を見たり、NHK for School の「こども哲学」の番組*31を見たり、「てつがくおしゃべりカード」*32を見ながら問いを考えてみたりして、私たちの試行がスタート。

　みんなで授業を見合い、放課後その動画を見て振り返りをするようにもなりました。問いがいまいちヒットしなかった時には、その要因はなぜなのだろうと一緒に考えたり、自分たちでもてつがく対話をしてみたり、自分の学級の実践を報告し合ったりと、自然と私たちの中に学びの時間が生まれていきました。

　放課後は毎日、てつがく対話についておしゃべり。話しても話しても、話し足りない……。授業や実践について話すことのできるこの時間が楽しくて、私たちはどんどん前のめりになっていきました。そんな私たち4年生の姿を見て、隣の席の3年生の先生たちが、

「てつがく対話って何ですか？」

　と聞いてくれたり、

---

*30　フランス・セーヌ地方にあるジャック・プレベール幼稚園で行われている子どもたちが哲学を学ぶ授業に2年間密着したドキュメンタリー映画。2010年製作、ジャン＝ピエール・ポッツィ監督。

*31　「Q～こどものための哲学」NHK Eテレ　金曜　午前9：25～9：40 OA　https://www.nhk.or.jp/sougou/q/

*32　50の哲学的な問いが書かれているカード。リヒテルズ直子訳著、ほんの木、2017年。

「うちのクラスでもやってみたいなぁ。」

　という話をするようになったり、この頃から、少しずつ学年の垣根も低くなっていったように思います。

　てつがく対話を始めた私の学級の子どもたちは、

「もっとやりたい！」

　と催促してくるほど楽しんでいました。その頃話し合ったテーマは、「どうして学校に行くの？」「友達ってどういう人？」「お金もちは幸せなのか？」などなど。

　回数を重ねることによって、自然とお互いの言葉を聴き合う場をつくることができるようにもなっていきました。私は……というと、まだこの頃、子どもたちと一緒に対話を楽しむという余裕はまったくなく、いつもハラハラドキドキ。どこでどんな言葉を言えば、この対話は深まるのだろう……、そんなことばかり考えていた気がします。それでも、子どもたちの一言一言をゆっくり丁寧に聴くこの時間は、心地よいものだなぁと感じていました。今まで、こんなふうに1人1人の子どもの言葉をちゃんと受け止めてきていたかなぁ……と、今までの自分を振り返ってもいました。

2017年7月　研究1年目
はじめての研究授業

　7月12日。ゆっくり、じっくりと子どもたちの話を聴くこと。それだけを大事しようという思いで研究授業当日を迎えました。朝から「子どもたちはどんなことを話すのだろう。どんな表情を見せてくれるのだろう」と、なんだかワクワク。うまく授業を展開しようとか、授業をよく見せたいとか、思い通りに進めたいとか、これまでの研究授業の前は、そんな気持ちがどこかにありました。でも、今回は違う。なぜかそんな気持ちは少しもなく、自分がやりたいと思い、子どもたちと一緒にチャ

レンジする授業を先生方に丸ごと見てもらおうという気持ちでした。

　この日も子どもたちはいつものように、てつがく対話を楽しみにしていました。先生方に自分たちの対話を見てもらうこともうれしそう。授業は、この時間のテーマ（「幸せっておもうのはどんなとき？」）と、てつがく対話の約束を確認するところからスタートしました。はじめはペア対話から。子どもたちは、

「ゲームをしているとき……。」
「休み時間。だって……。」

　などと思い思いに語っていました。その後はサークルになって対話。自分の考える「幸せなとき」について語る子どもたちは、ゆったりと穏やかな口調になっていました。自分の考えをちゃんと聴いてもらえる安心感が、そうさせていたのだろうと思います。子どもたちは、
「幸せを感じるときは、野球でダブルプレーができたとき。そんなとき、やったって思うし、幸せ。」「何かを達成できたとき。できなかったことができるようになったときは、自分は幸せって思う。」「みんなで笑えたとき、幸せって思う。おもしろいことを言ったりして笑い合うときとか……。」「赤ちゃんが生まれる幸せとかもある。みんな1人1人、おもしろいこととか、うれしいことが違うけれど、そういうことがみんな1人1人の幸せっていえるんじゃない？」「幸せは1人じゃなくてみんなでつくるものだと思う。1人でいてもできることは少ないし……。みんなでつくると幸せが増える。」

　子どもたちは対話を進める中で、自分だけの幸せを語るのではなく、周りとの関わりの中で生まれていく「幸せ」について語り始めていきました。

　そしてこの日、私が一番印象に残っているのは、てつがく対話後、

「振り返りジャーナル」に向き合う子どもたちの姿でした。対話を思い出している姿。じーっと考えている姿。鉛筆を走らせている姿。書き終えてふうーっと息を吐いている姿。シーンとしているけれど、張りつめているわけではなく、力が抜けているわけでもない、それぞれが自分と向き合っている子どもたちの姿。私は、「好きだなぁ……。この時間。」と思いながら、子どもたちの様子を見ていました。

振り返りは次の4つの視点で書きました。

　①人の話をしっかりと聴けましたか。
　②たくさん考えましたか。
　③対話に集中できていましたか。
　④今日のてつがく対話は楽しかったですか。

子どもたちの振り返りジャーナルを読むと、対話から様々なことを考え、学べたと自覚していることがわかり、うれしく思いました。

【子どもたちの振り返りジャーナル】

自分の言いたいことやみんなの意見をしっかりと聴くことができて、これも達成感だなと思います。やっぱりみんなの意見を聴くと、しっかり勉強できるし、わかったこともたくさんありました。みんな、幸せは1人1人ちがうものだから、人のことを否定しないようにします。

今日のてつがく対話は楽しかったです。なぜかというと、今日も意見は言えなかったけれど、聴いているだけで、学べたと思えたからです。

授業を終え、授業後の協議会の準備をしながら、先生方の様子を見ていると、様々な反応があることがわかりました。きっと、今まで見たこ

とのない研究授業。

「教科のねらいは？」「板書がな
かったけれど？」

　先生たちの中から漏れ聞こえて
くる声。私自身も２年前、教職大
学院の対話型模擬授業検討会[33]
で、このてつがく対話を体験した
時、授業をどう捉えればよいのか、
まったくわからなかったので、そ
れもそうだろうなぁと思いながら、
聞いていました。

　授業後の協議会は、初めてラウ
ンドスタディの形式で行いました。

この日のラウンドスタディのテーマ[34]は、「聴き合う関係づくり」。当
然のことながら、対話はお互いに遠慮しがち。「どこまで話していい
の？」という雰囲気が漂う時間でした。先生たちからしてみれば、授業
を見て混乱しているのに、そのモヤモヤした思いをお互いに出し合えな
い、何とも言えない時間だったのではないかと思います。

　ホワイトボードに書き留められていた言葉は、コミュニティボー
ル[35]の価値とか、「てつがくおしゃべりカード」（前掲）とか、手法に

＊33　東京学芸大学教職大学院「カリキュラムデザイン・授業研究演習Ⅰ〜Ⅴ」（１年
　　次前期〜２年次前期）で取り組まれている対話を重視した検討会。授業への省察の
　　深め方・対話の仕方のトレーニングを目的に実施されている。詳しくは、『授業づく
　　りネットワーク』No.31「リフレクション大全」渡辺貴裕「「対話型模擬授業検討会」
　　を通した、リフレクションの深め方のトレーニング」84〜89頁を参照のこと。
＊34　村上：初回のラウンドスタディのテーマは私が決めましたが、次の研究授業から
　　は、授業者と私で相談して決めていました。授業者のその授業に対する思いを聞きな
　　がら、みんなで一緒に対話したいことを見つけていました。

対しての感想などが中心。ファイ
ナルラウンドの最後になって、や
っとある先生から、

「自分たちは、これからみんなで
こういう授業をしていかないとい
けない……ということですか？」

　という発言がありました。やっ
と本音が……。このように感じて
いた先生はたくさんいたと思いま
す。教科のねらいと研究のつなが
り、評価のこと、疑問がたくさん
湧いていたはず。その中でも、先
生たちが授業を見て一番考えていたことは、いったい自分たちはこれか
ら何をやればいいのか……ということだったのでしょう。私は、

「てつがく対話をみんなでやろうということではありません。それぞれ
がチャレンジしたいことを見つけてやっていければいいなぁと思ってい
ます。今日は私のチャレンジだったので。」

　と答えました。先の見えない不安を語られたところで、私自身もこの
先が明確に見えているわけではない。そう答えるのがやっとでした。全
体的に何となくモヤモヤした中で、第1回目の研究授業と協議会が終わ
りました。

　授業後の私は、協議会での先生たちの反応は気になっていましたが、
自分が今まで踏み出せなかったことにチャレンジできたことをうれしく
思っていました。また、子どもたちの対話に向き合う様子に、この実践
の手ごたえを感じていました。何人かの先生たちから、

＊35　毛糸で作られたボール、ぬいぐるみ等、それを持っている人が話をし（パスも
　　可）、次に話す人を選ぶという対話のルールが視覚化されるツール。

「てつがく対話、私もやってみたいです。」

　と言ってもらえたり、学年でも、てつがく対話の実践をこの先も続けていこうと話せたりしたことは、私を勇気づけてくれました。その一方で、チャレンジを先生たちに広げていく難しさも感じていました。その日、岩瀬先生に送った振り返りにはこんなことを書きました。

（私）先生方の振り返りには、日常の授業の中でどんなふうに対話的な活動を取り入れていけばよいか、何から始めればよいか、という新たな問いが生まれたと書かれていました。もう少し手順を詳しく……というニーズがあるということもわかりました。夏の研修会に向けて、また考えていきたいと思います。

　誰もがすぐに新しいことにチャレンジしようと思えるわけではありません。何から始めればよいのだろう、どんなふうに進めていけばよいのだろうと、一歩踏み出すことに躊躇している先生たち[*36]に対して、様々な実践を知っているわけでもない私ができることは何だろう……。これから校内研究を進めていくために私がやらねばならないことは何だろう……。先が見えない不安を感じつつ、そんなことを1人で考えていたことが思い出されます。

---

*36　岩瀬：管理職の先生からも校長室で不安が語られていました。そもそもゴールがはっきりしていない「やりながら考えていく」研修では不安になるのは当たり前です。その場で村上さんは反論していましたが、まずはその不安を聞くといいよな、と思っていました。私自身は、毎回校長先生とたっぷりコミュニケーションをとること、「校長先生はどうしたいと考えているか」を丁寧にお聴きすることを心がけました。村上さんにも管理職の先生とたっぷりコミュニケーションをとることをアドバイスしていました。校長先生の応援なくしては進めないからです。自分に批判的な人がいるとどうしても距離が空いてしまいます。そういう人とこそたくさん話そう！　は2年間、村上さんに伝え続けてきたことです。そしてそれはみんなでつくる研修を下支えしたと思います。

授業デザイン　　　　　　　　　　4年1組　村上聡恵

> **4学年の目指す児童像**
>
> # 聴き合える子ども

★教師の願い
・一人一人が大切にされている学級にしていきたい。相手の話をしっかりと聴くということは、お互いを大切に思う気持ちの表れである。聴き合い、語り合える心地よさや楽しさをこの授業を通して実感してほしい。

★児童の実態
・4月からペア対話、ラウンドスタディの手法を用いた話し合い活動を行ってきた。自分の考えを話したり、友達の意見とつなげたりすることが徐々にできるようになってきた。
・相手の話を最後までしっかりと聴いて、受け止めることに対して課題がある。
・話すことが好きな子は多いが、発言する子が固定化されている傾向がある。

★教材について
・**「子ども哲学」**とは、身近なテーマや物語などを題材として、子どもたちが意見を出し合って、問題についての考えを深め合いながら行う対話的活動である。（別紙参照）
・**国語**の「自分の考えをつたえるには」の単元では意見文を書く言語活動がある。哲学対話のテーマについての自分の考えを決め、その根拠となった理由とそれを裏付ける事例を挙げて意見文を書く。

★単元名　国語：「自分の考えを伝えるには」（第3時/全7時）
★本時のねらい
・テーマについてじっくり考え、お互いの話をしっかりと聴くことができる。
★本時の流れ

> 「幸せってどんなとき？」のテーマで、てつがく対話をしよう。

1　テーマとてつがく対話する時の約束を確認する。
　　＜約束＞①最後まで友達の話をしっかりと聞く。
　　　　　　②ゆっくり、じっくり考える。
　　　　　　③何を話しても自由。

2　ペアごとにテーマに対する対話を行う。質問をし合うことにより、対話の内容を深める。
　　①　〜ってどういう意味ですか？
　　②　なぜですか？
　　③　何か具体例はありますか？

3　サークルになってテーマについて対話する。
　　（コミュニティーボール…話し手と聞き手をはっきりさせる）

4　対話の振り返りをして、振り返りジャーナルを書く。
　　①　人の話をしっかりと聴けましたか。
　　②　たくさん考えましたか。
　　③　対話に集中できていましたか。
　　④　今日の哲学対話は楽しかったですか。

ラウンドスタディ　テーマ
"聴き合う関係づくり"の視点から、本時の成果と課題を話し合う。

2017年8月　研究1年目
高田さんや専科の先生方とのつながり

　4月、私は研究主任、高田さんは副主任として校内研究をつくっていくことになりました。本来ならば、2人でじっくりと校内研究について話し合う時間を取りたいところでしたが、高田さんは特別支援教育コーディネーターを兼任していて、学期始めはとても忙しい時期。私のほうも急に学級増が決まり、4年生の担任が不在の状態があったり、クラス替えがあったりして、学年の仕事に追われていました。

　相談する時間を取りたくても、なかなかその時間が確保できず、連絡したいことを手短に伝えることが精一杯の状態。高田さんはそんな中、専科の先生方をどんどん巻き込んで校内研究のあれこれを進めてくれていました。

「研究協議会の用意をしておいたから……」「必要なもの、購入しておいたから……」

　と。それに対して私は、

「今度ゆっくり話そうね！」

　と顔を合わすたびに言葉を交わす日々。そんな状態でしたが、お互いができることをそれぞれのタイミングで進められていて、不思議と不安はなく、やりとりもスムーズ。長々と説明をしなくても、私がやりたいなぁと考えていることはしっかりと伝わっている感覚がありました。

　今振り返ってみると、この2年間、2人で一緒に進めてきた校内研究。考えているベースは同じ。でも、私とは違う視点で研究全体を見てくれていた高田さん。そんな高田さんがいたからこそ、進めることができたなぁと思います。様々な局面で、

「〇年生、ホワイトボードを使って対話を始めているのを見たよ。」

「〇年生は研究授業に向けて、何をやればよいか今、迷っているみたい

……。」

　など、それぞれの学年の様子をその都度、私に教えてくれました。高田さんには、様々な学年に関わっている専科の立場だからこそ見えていることがあったのだと思います。本当に細かなところまでよく見えているのです。高田さんの視野の広さってすごいなぁと感心するばかりでした。私は、「これがやりたい！」となると突っ走ってしまうたちなので、なおさら……。

　また、高田さんの優しさに、私は救われていました。第1回目の研究授業後のこと。学習指導要領とのつながりは……とか、教科の枠はどうなっているのか……という、それとなく聞こえてくる先生方の声に、私の気持ちがざわついていることに気づいてくれたのだと思います。そっと近くに来て、

「4年1組の子どもたちの対話の言葉、一言一言がすごく良かった。すごかった……。」

　と言ってくれました。温かい言葉をかけてもらい、気持ちが落ち着いていったことを、私は今でもはっきりと覚えています。そういう高田さんの温かい一言に私は力をもらってきました。

　高田さんを含め、三小の専科の先生方[37]の雰囲気は穏やかで心地よいものでした。実際、私は専科の先生たちのところに行って、話を聞いてもらうことがよくありました。学年のつながりとはまた別のところにある、ホッとできる場だったのです。

　校内研究を進める上でも、専科の先生方の存在はとても心強いものでした。「学級づくり」の校内研究。専科の先生方にとっては、最も関わり方が難しいポジションになってしまい、私は申し訳なさも感じていま

---

*37　岩瀬：校内研修において、専科の先生や養護教諭など担任をしていない人はつい、「ちょっと外側の人」になりがちです。専科の方々は、学級担任には見えない「全体」が見える人です。高田さんが全体を見て、小さな変化を見つけて、職員室の話題にしてくれたことで、職場としての変化をぐっと早めてくれたと思います。変化を可視化して広げる触媒の役目を果たしてくれていたんですよね。

した。けれども、

「クラブや委員会でだってできるよ。自分たちのできるところで実践を
してみるから大丈夫。」

と声をかけてくれる先生がいたり、授業の中で実践してみたことを、

「今日、大きなホワイトボードを使って、こんなことをやってみたよ!」

と、その実践について細かに報告してくれる先生がいたり、専科の先
生が自分事として研究に向き合っている姿に、私自身が学ばせてもらっ
ている気がしていました。

高田さんの振り返り②

専科の立場で研究に向き合ってきたこと

「やってみたい!」だけで手をあげ、副主任になった私ですが、実は校
内研究のメンバーに入ったのは初めてでした。研究が何なのか、まった
くわかっていなかった。だからか、見通しの持ち方もわからなかったの
で、村上先生にお任せしてしまっていたと思います。村上先生がどうし
たいと思っているのかを聞くことぐらいしかできていなかったのです。

他にしたことといえば、研究日の会場の準備をしたり、ラウンドスタ
ディの時に進んでまとめ役をやってみたり。背伸びしすぎず、私にでき
ることをしよう……そんな思いだったのかもしれません。

あとは、昨年に続き、職員室の雰囲気を感じる自分でいようとしてい
ました。もともと場の空気感を察する癖みたいのが私にはあったので、
なおさらかもしれません。職員室にいる時間が長い専科の先生方とたわ
いもない世間話をしたり、不安や疑問について話したり……。

専科の先生方からは、「学級経営だから、専科としてどう関わればよ
いのかわからない……」という声があったのも事実です。2学期明けの
校内研究では、各自が実践したことをレポートにまとめ、持ち寄ること
になっていました。「学級づくりなのに、専科はどうすればいいの?」

となりましたが、私からは「やれたらでいいと思います。」とだけ専科の先生方に伝えました。

　私たちの研究はやらされたり、押し付けられてやるものではない。校内研究を通して、自分にやりたい実践があったらやればいいし、何がやりたいかが見えなかったら、まずはそれを見つけようとすればいいと思っていたからです。そして、専科の中でまずは私が一番にチャレンジしていこう！　村上先生がそうだったように……と思い、早速実践を考えました。

　家庭科は、子どもたち同士の関わりが自然と生まれやすい活動の多い教科です。5年生の『お湯を沸かして、おいしいお茶を入れよう』の学習で、"お茶名人からの挑戦状"を受けて、どうしたらおいしいお茶を入れることができるか、ミニホワイトボードを使いグループで考える活動をしてみたり、味噌汁作りでも、子どもたち同士で味噌汁に入れる実の種類を相談し、材料準備も自分たちで分担するよう話し合いをしたりしました。

　また、6年生では、自分たちの調理の様子のビデオを見て、「もっと、環境にやさしい調理に近づけるためには？」という問いについて、グループでホワイトボードを使い、問題と課題について考える授業をしました。

　専科の時間でも、子どもたちの関わりを重視する活動は普段からされていることだと思います。ただ、今までと違うのは、それらの授業を学級づくりにつながる実践の一環として、校内研究の場でみんなと共有する気持ちをもてるかどうか、また校内研究の一員として研究に参加していこうという勇気をもつかどうかなのではないかと思いました。

　専科の授業が"担任の学級経営の上にあるもの"ではなくて、"共に学級をつくる機会"になれたなら……、担任と専科が同じ子どもたちを育てる立場として、一緒の目線で子どもたちを見ることができたら……と思い、自分なりに新しいことにチャレンジしてきました。

　　　　　　　　　　　　　　　　　　　　　高田有香

2017年9月〜10月　研究1年目
本田慶介さんとのチャレンジ　〜第2回目の研究授業〜

　第2回目の研究授業は10月11日。運動会が終わってすぐの日程でした。授業者は6年生の本田さん。運動会の練習と並行して、授業についての話し合いをスタートしました。9月中旬から、どんな授業をしようか……という相談。本田さんは、素直に、

「運動会のことを振り返りたいけれど、何をやったらよいかわからない。すごく迷っている。」

　と言ってくれました。だからこそ、学年、研究部のメンバーみんなで授業デザインについて話し合うことができました。何を大切にして、どのように授業をつくっていけばよいか、より多くの先生たちと授業づくりについて共有できた検討会。先生たちの中に、一緒につくる楽しさがじんわりと広がってきたことを感じていました。

　検討会での話し合いの中で印象的だったのが、研究部の1人、中村優子さんの一言。

「本田さん、子どもに本音を語らせたいのなら、本田さんが本音で語らないとダメよ。」

「今の6年生は、低学年の頃から教師が言ってほしいことをサラッと言えてしまう子どもたち。だから運動会の振り返りも、"協力" とか "絆" とか、もっともらしい、きれいな言葉を並べて子どもたちは満足してしまうのではないか。もっと、自分を出してほしい。自分は子どもたちの心の中にある言葉をもっと引き出したい。」

　という本田さんの発言に対して、中村さんから投げかけられた言葉でした。思わずみんなハッとさせられました。自分たちは、教室で本音を語れているのだろうか……。私たちが教室で日常的に語っていることは、子どもたちにどんなふうに届いているのだろう……。考え込む私たち。

　これまで、研究授業の相談といえば、授業はどんな流れにするか、どんな手法を使うかという話が中心でした。授業の中で子どもたちのどんな力を引き出したいか、そしてそのために、教師にとって何が必要なのかをみんなで話し合うということは、私が三小に来て、初めてのこと。教師のあり方に触れる中村さんの言葉はすごく重く感じました。そして、そんなことを語り合える研究に少しずつ進んできたんだなぁと思ったことを覚えています。本田さんは今でもこの話をします。

「あの一言で自分は変わった気がする。自分を立ち止まらせてくれる言葉だった。」と……。

　さて、授業のこと。6年生にとっては、初めてのホワイトボード・ミーティング®の授業でした。テーマは「小学校生活最後の運動会で得たこと」。子どもたちは穏やかに語っていたし、お互いの話をよく聴き合っていました。授業づくりの話し合いの時に出された「本音」も、ちらほらと子どもたちの口から語られました。

「倒立ができなかった人が毎日体育館に行って、練習して、できるようになるまでやる姿がかっこよかった。」「自分たちはすごく頑張ったから、当日、もっともっと拍手がほしかった。」「波の演技がなかなか完成しなくて心配だった。先生に振り付けを早く決めてほしかった。」などなど……。

　授業後のラウンドスタディの中では、子どもたちの発言を深めるポイントがずれてしまっていたことが課題として挙げられました。発散、収束、活用という流れで進められるホワイトボード・ミーティング®の話し合い。発散の段階で具体的なエピソードをもっともっと掘り下げていくことが必要でした。

　また、子どもたちが慣れないうちは、聞き手、話し手、書き手というように役割を明確にして、交代していくほうがよいのでは……という意見も出されました。

　1回目の私の授業後のラウンドスタディとは違い、活気のある対話の時間となりました。前年度、岩瀬先生の研修会で少し体験していたホワイトボード・ミーティング®の活動でしたので、先生方はすんなりと

受け入れられたようでした。また、授業づくりを研究部のみんなでやったことも大きかったように思います。

　研究会の後の先生たちは、これからもっと実践をやっていこうという雰囲気に。何より、授業者の本田さんが、

「授業をやってすごくよかった。ものすごくエンパワーされました。」

　と言ってくれたことが、私はうれしく思いました。授業をやって、エンパワーされる授業後の協議会！　よい感じに進んできているという手応えがありました。岩瀬先生からも、

「協議会で話される内容が深いものになってきましたね。[*38]」

　と言っていただきました。協議会が終わった後の先生たちの晴れやかな顔……。職員室に戻ってきてからも授業について語っている姿……。「あぁ、私たち、少しずつ変わってきている！」を実感できた日でした。授業後の『研推だより』には、本田さんに授業後にインタビューしたことを載せました。

Q. 研究授業を終えて、感じていることはどんなことですか？

　子どもたちが振り返りの大切さを前よりも感じるようになったと思います。振り返りジャーナルの中で、エピソードを交えて書いていて、より具体的なものになってきたなぁと感じます。あとは、子どもたちが話

---

*38　岩瀬：研修が始まって半年、日頃のコミュニケーションの量が増えてきたからか、ラウンドスタディでの会話の質が変わってきたと感じました。本音が出てきた感じです。私の持ち時間は毎回40分ぐらい。授業の様子を写真や動画に撮って具体的な子どもや先生の素敵な姿をフィードバックしたり、その中から考える価値のある問いを見つけて一緒に考えてみる、というデザインを基本にしていました。授業者に対しても評価者ではなく伴走者でいたいと考えていたからです。この日は「振り返りは『質問』がポイント。先生が何と質問するとよいか？」をみんなで考えました。子どもがやっていた「オープン・クエスチョン」を少しだけ学び手として体験。そうすれば本田さん以外にもやってみる人が増えると予想したからです。「1つ具体を置いて帰る」と職員室でのコミュニケーションは活発になると思ったからです。

し合う活動に苦手意識がなくなったことかな……。

Q. 研究授業をして、一番の学んだことは？

　ファシリテーターを育てる難しさ。本音を表現している子がいたので、そこで更に掘り下げるようなオープン・クエスチョンを言えるようになると、もっと深い振り返りの時間になったなぁと思います。これからがんばっていきます！！

　本田さんとは、この研究授業後、授業についてよく話すようになりました。この後に授業をする小金井市の社会科部の提案授業について、放課後、語り合ったことも……。戦争についての学習を教科の枠内に収めるか、もっと広げて扱うかと悩んでいることを聞いたり、その話の延長線上でESD（持続可能な開発のための教育）の話をしたり……。本田さんがこれからやりたいと思っていることはこういうことなんだなぁとわかってから、それに関する情報をお互いに共有することができるようになりました。

　その後、研究発表会に向けて紀要の担当となった本田さん。一緒に頑張りました。何度も原稿の手直しをしたことは大変だったけれど、よい思い出です。原稿のとりまとめ方、教育委員会とのやりとり、印刷会社と打ち合わせ、入稿の方法などなど、一緒に仕事を進めながらあれこれと伝えてきたつもりです。研究発表会後のお茶会で、「研究をやっている村上先生はいつも楽しんでいた。紀要や研究発表会用の動画づくりの時は自分たちと一緒に苦しんでいた。自分たちと同じように楽しさも苦しさも感じてくれていた。だから信頼して一緒に研究をやることができたんだと思う。」と話してくれました。私にとってこれ以上ないうれしい言葉でした。一緒に手を動かし、つくってきたからこそ、思いが伝わったのだなぁと感じます。

　今（2019年度）は、同じ学年を組んでいる本田さん。日々チャレンジし続けている本田さんを見ていると、きっとどこかで研究主任をやりたくなるのではないかなと思っています。苦しくもあるけれど、楽しみもいっぱい感じられる校内研究。きっとそれを実感したはずだから……。

授業デザイン　　　　　　　　　　　　　　　授業者　本田　慶介

★目指す児童像
互いを尊重し、助け合うことが当たり前にできる子ども

★教師の願い
・一人一人が何事にも進んで取り組める学級にして
いきたい。そのために自分以外の他者を認め、友
達が困っている時は、他人事にせずに助け合える
児童を育てたい。林間学校や運動会の表現運動を
通して深まった絆を大切にして、みんなが笑顔で
卒業できたら最高です。

★児童の実態
・４月から授業の中でホワイトボードを用いた
話し合い活動を行ってきた。一人一人意見を
自由に述べられる環境ができ、よい学級、よ
い人間関係ができてきている。
・認め合いが苦手な児童が一部いる。
・考えたことを進んで行動に移せる児童は実際
のところ半分くらい。

★教材について
・本単元は、学級活動の（２）日常の生活や学
習への適応及び健康安全の（ア）希望や目標を
もって生きる態度の形成や（ウ）望ましい人間
関係の形成にあてはまる。
・きれいごとじゃなく本音が語りやすいよう
に、運動会練習の間書き続けた振り返りカード
を元に話し合う。

★単元名　：学活「運動会の振り返りをしよう」（第１時/全１時）
★本時のねらい
　運動会の活動の振り返りから自分やクラスの成長を実感し、卒業までの自分の姿を考える。
★本時の流れ

　　小学校最後の運動会で得た物は何か考えよう。

1　今日やることの確認をする。
　　Ｔ「みなさんの振り返りカードを見ていて、こんなことを書いている友達がいたんだよね。」（数名紹介）
　　　☆良かったことだけでなく、苦しかった想いなどを書いている意見を紹介。
　　Ｔ「みんなそれぞれが頑張ったことがあるよね」

2　ホワイトボードミーティングで運動会の振り返りをじっくり行う。（３～４人グループ）
　　☆ファシリテーターを中心にオープンクエスチョンで話を広げる。本音を話せる場にする。
　　☆具体的なエピソードを交えて話す。ゆさぶられた想いなども振り返る。
　　Ｃ「そんなこと思っていたんだね。」
　　Ｃ「苦労したなぁ」

3　友達の意見を聞いて、聞けてよかったなと思うものや共感できるなと思うものに赤で印をつける。

4　他の班のホワイトボードを自由に見合い、考えを共有する。

5　運動会を通して、自分の中で学んだことは何か、この経験を通して卒業までにどんな姿になっていきた
　　いかを振り返りジャーナルに書く。（時間があれば、１～２人に発表してもらう。）

ラウンドスタディ　テーマ
自分やクラスの成長を実感できる授業づくりの視点から本時の成果との課題を話し合う。

2017年11月　研究1年目
"変わってきている私たち"を感じるということ

　11月15日、小金井市教育委員会の指導室訪問がありました。そこで行う研究授業の授業者は図工の平野亜希子さん。平野さんからは、4年生で鑑賞の授業をしたいと言われていました。

　授業づくりは専科の先生方と私ですることにしました。前回の研究授業の時のように、みんなで一緒に授業づくりをしたいところでしたが、2学期は大きな行事が目白押し。なかなかそういう時間が取れない状況でした。

　平野さんの「鑑賞の授業をやってみたい。子どもたちが自分の感じたことをいっぱい出し合って、話し合える授業にしたい。」の思いから授業づくりがスタート。

　「4年生は3年生の後半から大きなホワイトボードを使って話し合いを進めているから、それを利用したいよね。」

　「ホワイトボードを使うなら、前回の本田さんの授業の反省を生かして、子どもたちが聞き手、話し手、書き手に分かれたほうがいいよね。」

　「鑑賞の時間だから、教室を美術館のようにしたいなぁ。」

　「どんなふうに絵を飾ったら本物の美術館のようになるだろう？」

　などと話し合っていると、どんどん授業のイメージが広がってくる感じ。毎回、話し合いが終わると「あ～、楽しかった！」という声が上が

るほど、充実した時間でした。

　授業づくりが楽しかった一方で、小金井市の研究指定を受け、初めての指導室訪問だったのでなんとなく緊張感もありました。

　ラウンドスタディを取り入れた協議会。どんな捉えられ方をされるのだろうという気持ちも、少しあったのです。結果的には、私たちが生き生きと学び合っている様子を見ていただき、

「以前見た三小の校内研究とは全然違う。先生たちの学んでいる姿がすばらしいと感じました。」

　と言っていただくことができたのですが……。私はその言葉を聞いて、ホッとしたことを覚えています[*39]。

「やりたいなぁ……。変えられるといいなぁ……。」と思っていたことが、1つ1つ形となって広がっていき、また、それを周りにも認めてもらえるようになってきたことで、私も先生方も校内研究を進めることへの手応えを感じるようになってきました。

　今から考えると、この頃は、先生たちと一緒に前だけを見て楽しく進んでいた時期だったなぁと思います。"変わってきている私たち"を感じることは、次へのエネルギーとなり、職員室の中では、「こんなことをやってみた！」という声が色々な学年から聞かれるようになってきていました。

　平野さんにも授業後、インタビューをして、そこで聞いたことを『研推だより』に載せました。

Q. 研究授業を終えて、感じていることはどんなことですか？

　今までやったことのない、まったく新しい形式で鑑賞の授業ができて、

---

*39　岩瀬：とても嬉しそうに村上さんが報告してくれたことを覚えています。自分たちのやっていることの手応えを感じる、他者に評価される経験は本当に大事なのですよね。すでに校内研修が「自走モード」に入りつつありました。

とても驚きです。これまでの授業ではなかなか出なかった子どもたちの意見がたくさん出たのでよかったです。授業をやってよかったです。楽しかった！

Q. 研究授業をして、一番の学んだことは？

　意見を出すための環境づくりはどうすればよいのか、子どもたちにどんな質問、問いかけをするとよいのか、授業づくりの段階で色々と考えられたことが今回の一番の学びでした。それを応用しつつ、今後に生かしていきたいです！

　　　　　　　　　　　　　　　　授業者　平野亜希子

> **目指す児童像**
> 聴きあう関係の中で、お互いの個性の違いをみとめ、美しさを感じられる子ども

> **★教師の願い**
> 美術作品を観賞することで、
> 多様な作品の表し方や、観賞者の感じ方の違いを知り、お互いの良さを認め合う。
> お互いに聴きあう中で、児童の感性（ハート）をさらに深めて、絵の細かい内容や雰囲気を感じ取れる力を育てたい。

> **★児童の実態**
> ほとんどの児童は、作ることには興味があり、積極的に活動できるが、
> 「大人が描いた絵画を見て興味を感じ、自分の感じたことを言葉にあらわす」ことは慣れていない。児童の感性をさらに深めて、絵の細かい内容や雰囲気を感じ取れる力を育てたい。

> **★教材について**
> 西洋・東洋の絵画の中で、児童が親しみやすい「動物（ライオン・虎・白狐・金魚・白テン・黒猫）の絵」をテーマにして提示する。
> ホワイトボードを使って話し合いをする中で、友達の意見を知り、自分の意見を深める。

★題材名 ：　「ハートでアート　感じる美術館」（第1時／全1時）
★本時のねらい
　・教科としてのねらい（作品のよさや面白さを感じる）
　・研究としてのねらい（聴きあう中でお互いのよさを認め合う）
★本時の流れ

> ハートで作品を感じよう

1　教室に掲示された絵の周りに集まり、3人グループを形成する。※一人の場合は第二希望へ（5分）

2　絵についてどう思ったのか、軽く話し合う。グループでホワイトボードに「この作品の気に入ったところ」をたくさん書いていく。（3分）

3　ホワイトボードを数回回転させながら「いいね！」と思った意見に赤線をつける。（5分）

4　この間に教員がいい意見を書いている児童を見つける。

5　鋭い視点だがすこし抽象的な意見を取り上げる。「見たままでなくて、ハートで感じていていい意見だね。もっとくわしく教えて」（5分）

6　「詳しく教えて」をグループ内で行う。話す人・聴く人・書き取る人の役割分担をする。（15分）

7　グループで出た意見を、もう一度見返す。（1分）

8　振り返りカードに①作品の気に入ったところ
　　　　　　　　　　②友達と話し合いするなかで考えたこと記入する（10分）

9　発表する。

ラウンドスタディ　テーマ
「絵に興味を持ち、お互いの意見を出し合いながら楽しく活動できたか」の視点から成果と課題を話し合う。

2017年12月　研究１年目
"ぐんぐん学べている私たち"を感じられた日

　12月６日。今年度最後の研究授業は、２年生の村瀬訓史さんの授業でした。研究授業の回数を重ねてきたことで、学年の中で「こんなことをやってみたい！」ということが自然と話し合われるようになり、今回の授業は研究部であれこれと話し合うこともなく、「これでやってみよう！」ということになりました。

　この日の授業では、参観している私たちが子どもたちの様子を見て微笑んでしまうような、ほんわかした空気が流れていました。子どもたち同士の温かいやりとり。「信頼ベース」ってこういうことを言うんだなぁと、みんなが体感できるような授業でした。

　ラウンドＥ[*40]では、「学校全体としての研究の方向性のイメージがついてきた。」や「信頼ベースの学級づくりは、教材の中での関わり合いで高まっていくということが授業を見て、スッとおちた。」と書かれていました。

　協議会のラウンドスタディも充実していました。グイグイと対話が進んでいく感じ。ファイナルラウンドでは、集まってきたキーワードのカードを対話しながらどんどん分類していく先生たちの姿がありました。そんな先生方の様子を私は輪の中で見ていました。ふと、分類するだけではなく、構造化できないかなぁという直感が働き、

---

　*40　前掲ラウンドスタディの６つ目のラウンドのこと。参加者全員で行うラウンド全体を受けた評価、振り返りのラウンド。

「このカードを関係性も考えながら並び替えられないかなぁ？」

　と、何気なくつぶやいていました。

　すると、若手の先生たちが中心となって、キーワードのつながりが見えるように置き方を変えてみたり、新たなカードを書き足してみたりする動きが……。あっという間にカードが整理され、これまでの校内研究の積み重ねが視覚化されました。先生たちの中から、

「あぁ、こういうことか……。」

　というつぶやきが聞こえてきました。なんだか不思議な感覚。自分たちの成長を実感！

　下の図は、先生たちが並べたカードをそのまま図に起こしたものです。

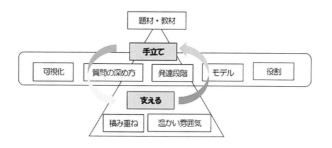

<ファイナルラウンドでの到達点>

　その後は、岩瀬先生のミニワークショップ。岩瀬先生には毎回、

「村上さん、今回のオーダーは？[*41]」

[*41] 岩瀬：毎回しつこく聞いていました。あくまでオーナーは村上さん。そしてそれを職場の人に村上さんが毎回聞くことで、当事者が増えていく。いい意味で私を「ツール」として使うようになってきていました。村上さんにはとにかく「質問する」→「村上さん自身が思考を深めて原案をつくる」という関わりをしていました。この回のミニワークショップは、職員室にいた村上さんだからこそ「これがいい」とオーダーしてきた内容。先生方が熱心に学び手になっていました。毎回小さく「やってみる」を研修に入れてきたことで、村上さん自身に「何をみんなと一緒にやってみたらよいだろう」という思考回路ができているなぁと感じていました。

と聞かれていました。私だけの意向で決めていくのも……と思っていたので、校内研究会の2週間前から職員室で先生方に、やりたいことを聞くのがルーティンのようになっていました。ちょっとした時間を見つけて、色々な先生に、

「今度の研究の日に岩瀬先生に聞きたいこととか、やりたいことある？」

と、とにかく聞く。そうすることによって、今の私たちに必要なこと、やりたいことが見えてきました。先生方の声をもとに、研究部のメンバーで話し合い、毎回の校内研究会の持ち方を決めることにしていました。

今回は、「教室でホワイトボードを使ってみているけれど、深めることが難しい……。オープンクェスチョンを使いながら対話を深める感覚を自分たちもつかみたい。自分たちで実際にやってみることができないかなぁ。」という声が多く聞かれたので、岩瀬先生にミニワークショップをお願いすることにしました。子どもたちの活動を教師がまずやってみることによって、気づきを得る。校内研究を進める中で、体験を通した学びの大切さに気づき、それを効果的に取り入れていこうと自分たちで考えるようになってきていたのです。

この日は、授業も授業後の協議会も、岩瀬先生のミニワークショップも、ぐんぐん学べていることを実感。楽しくて充実感いっぱいの校内研究会でした。研究会が終わっても、何人もの先生がその場に残り、ホワイトボードを囲んでいつまでも対話が続く……。本当にうまく回っていて、研究発表会までの残り1年も、「このまま私たちは順調に進んでいける！」「もっともっと前に進んでいける！」と思っていました。

村瀬さんの授業後のインタビューにも、前向きな言葉がたくさん語られていました。

Q. 研究授業を終えて、感じていることはどんなことですか？

子どもたちに話したいことを話させるのは難しいなぁと思いました。他の子が聞きたいことはその子が話したいこととは限らないから……。

動画のモデルを学年の先生たちでつくって、それを授業で流したことで、子どもたちは方向性が見えて、やりやすくなったのだろうなぁと思いました。毎回このような活動を取り入れていきたいとは思うけれど、すべては無理かなぁ。でも、これからも続けていきたいと思う。

Q. 研究授業をして、一番の学んだことは？

　相槌や頷くということはその人に安心感をもたらすということ。そのことを日頃から意識して、可視化していくことが大事だなと感じました。子どもの感想には、「うなずいてくれてうれしかったから、わたしもやりたい。」という言葉がありました。よいサイクルをつくるのは、すごく時間がかかるけれど、その分、成果として現れるのだなぁと思いました。授業の後、子どもたちが楽しかったと言っていて、それはすごくうれしかった！　ありがとうございました。

授業デザイン

授業者　村瀬　訓史

★目指す児童像
互いを認め合い　思いやりをもって　行動できる子

★教師の願い
・「ゆずりあい」を学級の目標に掲げ、一人一人が気持ちよくすごせる学級を目指している。自分一人が幸せになるのではなく、みんなで幸せになる気もちを養っていきたい。また、いろいろな友だちと関わることによって、関係を広げられるようにしていきたい。

★児童の実態
・昨年度から授業中には相手に伝える、ペアで考える、周りと相談する、という学習形態は取り入れてきた。
・自分のペースで話してしまい、相手の反応を考えながら話すことはまだできていない。
・男女仲良くできているが、やや固定のメンバーになりかけている。

★教材について
・前時まで、「大すきなもの」を伝えてきた。その場面でも自分との友達の共通点を見つけ出せた児童もいるだろう。今回は発展として、自分自身のことを出させていきたいと考える。今までみんなが知らなかった内容を知ることで、より友達に関心をもたせていくことができる教材である。

★単元名　国語：「大すきなものつたえたい」（第5時／全7時）

★単元の学習計画
①「大すきなものをみんなに伝える」という単元の流れを確認する。
②発表したいものを決めて、みんなから質問されていく中で内容を深めていく。
③大すきなものを伝える準備をする。話の順序や清涼を意識して練習する。
④大すきなものの発表会を行う。
⑤友達を紹介するという流れを知り、インタビューしていく。（本時）
⑥友達紹介の続きを行う。
⑦単元の振り返りを行う。

★本時のねらい
（研究）友達のことに関心をもって、聞くことができる。
（国語）順序良く話すことができる。

★本時の流れ
1. 教師の例を見て、本時の流れをつかむ（10）
・よい例と悪い例を見せ、聞き方や話し方の注意点を確認する。

　　友だちのことをもっとよく知ろう

2. 3人1組でインタビューをしあう（15）
・机を移動し、話し手1名、聞き手2名で行う。
・途中によい話し方や聞き方をしているグループを紹介していく。
・画用紙に鉛筆でまとめていく。
3. 結果をまとめる（5）
・みんなに伝えたい内容を赤で○をつける。
4. 数人が発表する（10）
・事実だけでなく、理由なども話すように促す。
・聞く時のあいづちにも留意させる。
5. 本時のふりかえりをする（5）
・初めて知ったことや、これから知りたいことなどを発表する。

ラウンドスタディ　テーマ
「互いを認め合う」の視点から本時の成果と課題を話し合う。

2018年2月 研究1年目
PAの研修会と発表の年に向けて

　今年度最後の校内研究会は、2月21日。若手の先生たちから度々「PA
をやりたい」との声が挙がっていたので、PA研修会をお願いすること
にしました。

　（私）おはようございます。PAは 甲斐崎先生の本＊42を購入したので、
それぞれのクラスで本を見ながらやってみている状態です。アクティビ
ティをやるだけで終わっているような感じなので、活動の価値付けをど
うするかという話をしていただけるといいなぁと思います。PAの理論
的なところに触れながら……。これまでは、私がアイスブレイク的に
「ヘリウムリング」と「魔法の鏡」をやったぐらいです。前回、体験学
習のサイクルに触れていただいたので、そこももう少し深めたいなぁと
思うのですが……。どうでしょう？

　研修のはじめに、岩瀬先生から、
「関係性をつくる系のPAがいいですか？　課題解決系がいいですか？」
　という問いかけがありました。先生方は迷わず、
「課題解決系で！」
　と答えていました。岩瀬先生からは、
「そうなの？　すごいですね～」
　と。この頃の職員室を思い浮かべてみると、会話が弾み、あちこちで
自然と笑いが起こるようになっていました。それも学年や低中高という

＊42　甲斐崎博史『クラス全員がひとつになる学級ゲーム＆アクティビティ100』ナツ
　　メ社、2013年のこと。

島を越えて、職員室全体で笑い合っているような感じ。笑い合いながら「信頼ベースが大事でしょ！」という言葉が飛び交う、雰囲気のよい職員室でした。先生方は、今更「関係性をつくるPA」をやらなくても……と考えていたのだと思います。

　この日のアクティビティは、カウボーイチャレンジ、アクセル＆ブレーキ、パイプラインなど。PAをやりながら理論的なことも教えてもらいました。

　楽しかった！　いつの間にか、私たちはアクティビティに本気で取り組んでいました。アクティビティ後はビーイング[*43]を使った振り返りの時間。ビーイングに書きこまれた "大切にしたいこと" は、まずやってみる、前向きな声

〈ビーイング〉

かけ、柔軟なアイデア、失敗しても笑い合える、笑顔、冷静な目……など。改めて、これからもいい職員室をみんなでつくっていきたい。そんな気持ちになった研修会でした。

　研修が終わった後はこの日も、たくさんの先生方が視聴覚室に残り、

＊43　PAプログラムの約束「お互いを最大限に尊重し合う」というフルバリューコントラクトを実践するための手法。詳しくは、前掲プロジェクトアドベンチャージャパンのHPを参照のこと。

対話を続けていました。私は、職員室のもっている力ってこういうことか……というのをなんとなく感じていたように思います。

　さて、研究部のほうでは、来年度に向けて研究主題を見直したり、年間予定を組んだりと、研究発表会に向けて方向性が定まってきた頃でした。話し合いによって、研究主題は、「信頼をベースにした学級づくり」に。これでいこうと決まりかけた時に、３年生の先生方から、「認め合う」という言葉をどうしても入れたいという意見が出ました。主題に対するこだわりが、先生たちの中から出されたのです。「自分たちの研究」と考えてくれているからこその意見。１年かけて、ここまで進んできたのだとうれしく思いました。

　また、副主題は前回の研究授業後のラウンドスタディで話し合われたことを盛り込むことにしました。これまでどの学年も対話的な活動を実践してきて、「系統性が見えてきた気がする。」という意見が出されました。そこで、来年度は、低学年は聴き合う活動を、中学年は語り合う活動を、高学年は深め合う活動を中心に、実践していこうということになりました。そんな話し合いを経て、副主題を「聴き合い、　語り合い、深め合う子供たち」に決めたのです。

　校内研究を始める前に、栄小の研究の話を聞いて取り入れようと考えていた仮説生成型の研究。これまで仮説検証型の研究をずっと続けてきた私たちにとって、なじみのない研究の進め方。研究をスタートした頃には、「仮説はつくらなくてよいの？」とよく聞かれました。実践をやってみて、それについて対話をし、新たな仮説をつくり、それを副主題にするという流れを経験して、やっと「こういうことだったのか」と自分たちの中に落とし込めた気がします。

　さらに副主題には、「そして私たち教師」という今回の校内研究に大きく関わるフレーズを付け加えました。私たちがこの１年間やってきたことは、「信頼ベースの学級づくり」を進めると共に、私たちの学びの場である職員室をよりよくしていこうということでした。そのためには、

私たち教師が「聴き合い、語り合い、深め合う」ことのできる関係性になることが大切なのだと考えるようになっていました。少しずつ変わってきた私たちの関係性をこれからもさらによいものにしていきたい、来年度もこれを研究の柱としたいという気持ちを込めて、副主題には「私たち」のことも入れようということになりました。

　様々な学校の研究主題、副主題を見てきましたが、「私たち教師」の姿を掲げている学校はあまりないのではないかと思います。みんなで、「うん！　なんかいい感じ！　すごく大切なことだよね。」と言い合ったことが思い出されます。こんなやりとりから、2018年度の三小の校内研究の主題は、

「信頼をベースにした認め合う学級づくり
〜聴き合い、語り合い、深め合う子供たち、そして私たち教師〜」

と決まったのです＊44。次年度の校内研究の予定としては、研究発表会前に学年で1本ずつ、授業をしておきたいということが話し合われました。12月の研究発表会から逆算して、1学期5本、2学期1本の研究授業をすることにしました。4月から研究授業をスタートしなければいけないスケジュール。かなりタイトで、今から考えると、無理をしたなぁと思います。研究発表会に向けて形をつくるということに重きを置いてしまったなぁと後悔しているところです。校内研究をデザインするうえで大切なのは、そこまでに至るプロセスなのに……。

＊44　岩瀬：この頃、ぼくは校長先生と2人で飲みに行きました。この1年の研修のこと、次の1年のこと、校長先生の想いを丁寧に伺いたいと思ったからです。気がつくと3時間以上話していました。その中で「せっかくだから500人集めるような会にしよう！」と2人で合意しました。何気ないやり取りでしたが、その後お会いするたびに「どうやって集めようか！」なんて話すきっかけになり、結果として実現に向かうエネルギーになりました。

また私は、この１年、ここまでやってきた勢いで、研究発表会まで進んでいけるかも……と軽く考えていたところもありました。何のために研究発表会をするか、何を大切にしていくのかということを、見失っていたのだと思います。

2018年4月　研究2年目
第1回研究授業　〜2年目であり、1年目でもあること〜

いよいよ研究発表会の年がスタート。年度が替わってすぐに12月7日までの大まかなスケジュールと研究の方向性を確認し、その後は研究授業が続く日々となりました。

1本目の研究授業は6年生の平塚知美さん。4月に入ってすぐに、
「授業、どんな感じにしたいの？」
と聞くと、
「てつがく対話をしてみたい。」
という返事が返ってきました。やっぱり！　すでに自分のやりたいことをちゃんともっている。平塚さんらしい。教員2年目のスタートを切る平塚さんのチャレンジを心から応援したいなと思いました。

ところが、学年での話し合いは違う方向に進んでいるようでした。私が昨年度やったてつがく対話の授業は、それまでの積み重ねがあったからできたのではないか……と。すぐそばでその話し合いを聞いていた私は、「やりきればいいのに……やりたいって言いなよ……」と、思っていたけれど、学年の話し合いに入り込んでいくのもどうかと躊躇し、しばらく黙って聞いていました。でも、話は平塚さんがやりたいこととは離れていっている感じ……。そこで私も話し合いに参加させてもらうことにしました。

6年生の担任3人と私であれこれ話しているうちに、「質問づくり」の授業もよいのでは？　ということになりました。平塚さんはてつがく

対話にチャレンジしてみたかったんだよな……と思っていましたが、なんとなくそちらの方向性には話がいかず、話し合いの中で「質問づくり」の授業をしようということに決まりました。

　翌週の朝、

「授業デザインはできた？」

　と聞くと、

「まぁ……」

　という返事の平塚さん。放課後、改めて平塚さんのつくってきた授業デザインに目を通すと、正直、平塚さんの思いがまったく感じられないものでした。ちゃんと話を聴かなければ……と思いました。そこから2人でその授業デザインを眺めながら話をしました。

「なんで、ここでギャラリーウォークをするの？」

「この活動にはどんな意図があるの？」

　と。1つ1つ平塚さんの答えを聞いていて感じたのは、やりたいという気持ちが消えてしまったのだな……ということでした。あの時、もう少し平塚さんの気持ちを汲み取って、"平塚さんの"やりたいを大事にすればよかった……という後悔の念が湧いてきました。様々なやりとりの後、

「結局、平塚さんは何がやりたいの？」

　と聞くと、

「もうわからなくなっちゃったんです。」

　と……。自分がやりたいと思っていたことと違う授業をやらなければいけないモヤモヤ。研究授業をみんなで考える時にありがちな状況が起きていました。

　今だったら言える、「授業者のやりたいことを一番大事にしよう。授業者の思いを大切にしよう。授業をやってみて、そこから学んでいけばいいのだから……」という言葉。その時の私には言うことができなかったけれど、今だったら、「やっぱり、平塚さんが一番やりたかったてつがく対話をやろうよ！　やりなよ！　チャレンジ！」と言っているかなぁ。

この状態はよくない……と思い、その後すぐに、高学年分科会で練り直そうとみんなに声を掛けました。『たった1つを変えるだけ　クラスも教師も自立する「質問づくり」』（ダン・ロススタイン、ルース・サンタナ著、吉田新一郎訳、新評論、2015年）をもう1回みんなで読み合い、質問づくりとはいったいどうやってやるのかということから、社会の歴史単元ではどんな方法が考えられるのか、どんな資料を提示するとよいのかなど、歓送迎会をあとに控えていたけれど、電車の時間ギリギリまで高学年のみんなで話し合いました。

　平塚さんも含めて、みんなで授業をつくり上げている感じ。話していくうちに、それぞれの学級で、今まで経験したことのない「問いづくり」の実践にチャレンジしてみて、その実践を持ち寄ろうということにもなりました。

　そんな場が平塚さんの気持ちに再び、灯をつけたのではないかと思います。研究授業に向けて、楽しく授業づくりをしていく姿が見られ、ホッとしたことを覚えています。

　協議会では、岩瀬先生から以下のような平塚さんのメールの紹介がありました。平塚さんも高学年のメンバーもこの授業を行うまでのプロセスに価値があったと実感。はじめに平塚さんがやりたかったことではなかったかもしれないけれど、気持ちを切り替えて、みんなで授業づくりについて語り合えたことはよかったなぁと思っていました。

（平塚さんのメール）
「5年、6年の段階的な学年目標の設定や子どもたちが学習者として主体的に学べる授業づくりなどについてじっくりと話すことができました。気がついたら歓送迎会に行く時間が迫っていたというくらい夢中になっていました。とにかく面白かったです。専科の先生も、授業づくりについてじっくり語り合えてとても面白かったと感想をもたれたようでした。私1人でではなく、他の先生方とああでもないこうでもない、難しいね、

こういうことかな？　と考えて、ちょっとクラスでやってみたけどこうなったよといったやりとりをしながら、一緒に進んできた感じです。

　1人で悶々と考えるより、他の人と話すとやっぱり面白く、新たに見えてくるものがあると感じました。どんでん返しも起きたりして一瞬どうすればいいのか、振り出しに戻る感じがしたりしますが、それがまた面白くもありました。」

　授業の課題は色々ありました。でもだからこそ、チャレンジしてよかったと思える授業。この取り組みから、子どもたちに、自分で問いを立てる力をつけてほしいと思うようになり、様々な教科の中で、「問いづくり」の実践が広がっていきました。

　さて、私は初回の授業後の協議会の後、その年に異動してきた先生方に三小の校内研究の印象について聞くことにしました。協議会に参加してみてどんなことを感じたのか、気になったのです。

　フラットな関係で話ができるよさ、みんなが参加しやすいということについて肯定的に捉えてもらっているようでしたが、これまでとはまったく違う協議会に戸惑っていた部分もあったようです。

　協議会の中では、教師の授業の進め方の良し悪しに対話の焦点がいってしまったグループもあり、昨年からいる若手の先生がその場で、「三小の研究はそういうことを目指している場ではないから……。」と説明をしていたという話を後から聞きました。昨年度から積み重ねてきたことの成果と、新しく加わった方に三小の校内研究の目指すところを伝えていく難しさを実感した第1回目の研究授業となりました。

第6学年 実践

目指す児童像
お互いの考えを活かし合い、新しい考えを生み出す子供たち

<教師の願い>
　児童が、自分や学級の友達一人一人を大切にし、お互いの考えを聴き合い、よさを活かし合いながら学びを深められる授業を目指したい。今回の授業を通して、質問づくりの方法、主体的に学ぶ方法を児童が知り、お互いに考えを聴き合い、活かし合うことで、学びが深まったり、課題を解決できたりすることのよさを実感してほしい。

<児童の実態>
・昨年度からホワイトボードを活用した話し合い活動に取り組んでいる。考えを書きながら話し合うことに慣れてきている。また付箋を活用することのよさを実感している様子が見られる。
・児童によっては、自分の考えを積極的に話すことができる一方で、友達の考えを最後までしっかりと聴いて受け止めることに課題がある。

<教材について>
・新学習指導要領において、社会科「武士の政治が始まる」の単元では、学習の問題を追究・解決する活動を通して「源平の戦い、鎌倉幕府の始まり、元との戦いを手掛かりに、武士による政治が始まったことを理解すること」が求められている。

●単元名　社会：「武士の政治が始まる」（第3時／全7時）

単元の学習計画
①単元計画や質問づくりのインストラクションを行う。
②武士の館の想像図から、武士の暮らしについて調べ、調べたことや「質問の焦点」をもとに、個人で質問を考える。
③付箋とホワイトボードを活用してグループで質問づくりを行い、自分の質問を設定する。（本時）
④⑤各自の質問について、教科書や資料集、本やインターネットなどを使って個別の探究学習を行う。
⑥各自の質問と調べた内容について、学級全体でプレゼンテーションを行う。
⑦学習のまとめを行う。

◎本時のねらい
（社会）武士の館の想像図や「質問の焦点」をもとに質問づくりを行い、武士が力をもつ世の中について探究していくにあたっての自分の質問を設定することができるようにする。
（研究）質問づくりを通して、友達と考えを聴き合うことで自分の考えが広がるよさを実感するとともに、学習への意欲をもつことができるようにする。

◎本時の流れ

> （めあて）「質問の焦点」をもとに、よりよい質問を設定しよう

1. 前時を振り返り、質問づくりの進め方について確認する。
　※「質問の焦点」は「武士の政治が始まる」とする。

2. 武士の館の想像図や「質問の焦点」をもとに、質問づくりを行う。

発散	・前時で一人一人が考えた質問（付箋）を出し合う。
収束	・似ている質問を近くに集め、整理して貼り直す。
	・開かれた質問（○）と閉じた質問（△）に分類する。
	・閉じた質問を開いた質問に書き換える。
	・単元を学ぶ中で追究したい質問を班で3つ選ぶ。
	・選んだ理由も説明できるようにする。

3. 選んだ質問と選んだ理由を班ごとに発表する。

平塚さんの振り返り

　（村上先生が書かれた）昨年度の校内研究の振り返り、読ませていただきました。あの頃のモヤモヤした感じや、チャレンジし始めた時のワクワクした気持ちを思い出すと同時に、こんなふうに温かく見守ってもらっていたんだなぁと、改めてありがたくて、うれしい気持ちになりました。ありがとうございます。

　研究授業を控えていたあの時、モヤモヤ感の突破口になったのは、放課後の職員室での村上先生とのやりとりでした。そして追い風になったのは、高学年部会の先生方と一緒に授業について考えた時間だったなぁと思います。そう振り返ると、授業づくりの段階から授業者に寄り添うことって、すごく大切なんじゃないかと思います。

　どんな想いで授業をつくってきたか、そのプロセスを共有できると、同じ作り手としての目線から授業を振り返り、気づき、学ぶことができる。

　でもいつも同じ作り手でいられるわけではないから、授業の振り返りの時にいかに授業者の想いに耳を傾けられるかということが大切なのだろうと思います。

　「チャレンジしたいけど萎縮してチャレンジできない」ではなく、「チャレンジしなきゃいけないからチャレンジする」でもなく、「安心してチャレンジできて、チャレンジすることの良さを体感しているから、その学びをまた次のチャレンジに生かそうとする。教師が成長していく。」そんな職員室を目指した校内研究だったのではないかと思います。

　研究協議会での批判を恐れて萎縮するなんて甘い、その辛さに耐えて教師は成長するといった考えもあるかもしれません。それで成長する人もいるのだと思います。子どもたち1人1人に合った学び方、成長の仕方があるように、教師にも1人1人に合った学び方、成長の仕方がある

のだとすれば、職員室でも、色々な学び方、成長の仕方が尊重されることが、1人1人を大切にするということなのかもしれないなぁ、なんて、今、思っています。

　でも、学び方、成長の仕方は色々あったとしても、共通して大切なのは「やらなければよかった。もうやりたくない。」とならないこと。「やってよかった。またやりたい。」と思えるということなのではないかと思います。

　自分はどんな学び方、成長の仕方が合っているのか、自分自身を見つめること。この人はどんな学び方、成長の仕方が合っているのか、他者に寄り添うこと。そういうことが大切なのかな。

　新しいかたちの校内研究、新しいかたちの教師の学び方、成長の仕方を示した昨年度の研究発表。今年度は、さらにその先に進もうとしているのかなと思います。

　新旧の二項対立ではなくて、色々なかたちの学び方、成長の仕方が、尊重される職員室。まだ漠然としているけれど……。そのためには何が大切なのだろう？

平塚知美

2018年5月　研究2年目
市教委訪問と第2回研究授業　〜苦しい時期〜

　6年生の研究授業の翌週は、小金井市の教育委員会訪問と第2回の研究授業がありました。慌ただしいスケジュール。それに加えて、私は自分の学年の移動教室のことでバタバタとしていました。

　第2回の研究授業は4年生。崎浜理恵さんが授業者でした。私が4年生の授業づくりの打ち合わせに参加できたのは、1、2回。4年生の先生たちが考えている授業は、新聞づくりの相談に、大きなホワイトボードを使ってみようということでした。年度始めに加えて移動教室前……。4年生の先生たちも私も授業づくりを楽しむという余裕はなく、第2回目の研究授業を迎えてしまうことになってしまいました。私の見通しの甘さがすべて……。一緒につくっていくことを大事にしなければいけない時期だったのに、それができず、しわ寄せが4年生の授業にいってしまいました。今から考えると申し訳なかったなぁと思います。

　この日の研究授業後、初めて「お茶会」が開かれました。これまで三小では研究授業後、いわゆるみんなで「打ち上げ」をする習慣がありませんでした。学級数が多くなってきて、だんだんとなくなっていったんだよね……とのこと。三小は25学級の大規模校なので、仕方がないという面もありますが、もっと学年を越えて話す機会があるといいなぁ……という声も聞こえてきていました。そんなことから今回は3年生の嶋奈月さんが授業後のお茶会を自主的に企画してくれたのです。

　みんなが集まりやすいように、休憩時間にお茶とお菓子で反省会を……ということになりました。こちらがお願いしたわけでもないのに、気を配ってくれたこと、みんなに呼びかけ準備をしてくれたこと、本当にありがたかった。ここから、研究会後の「お茶会」は定例となりました。この時間は本当によい時間。もちろん授業後のラウンドスタディで

もたくさん対話はするけれど、気分を変えてラウンドスタディの延長戦ができたり、研究授業までの裏話を共有して笑い合えたり、お茶とお菓子を間に挟むと何とも言えないほのぼのとした空間が生まれるのです。こうやって私たちは、みんなでコミュニケーションの量を増やしてきました。

　この日のお茶会の時、授業者の崎浜さんに寄り添ってくれていたのは高田さんでした。崎浜さんの思いを丁寧に丁寧に聞いてくれました。そして、崎浜さんの思いを私にそっと教えてくれました。この頃、私は何もやれていなかったなぁ……。今から考えると、忙しかったという理由だけではなく、踏み込むことができない何かを感じ始めていたのかもしれません。

（岩瀬先生）今日、トランプを使って先生方を混ぜたことの意義、学習者としてやってみたことの意義[45]をお茶会でも話せるといいなぁと思います！　今日やってみたまま、子どもも本当はできるんですよね。

（私）今日はありがとうございました。　お茶会ではちょっとそこまで話す雰囲気ではなく……。今日、私たちが学習者の体験をして感じた学びの楽しさは、子どもたちの学習にも生かしたい。切り離して考えるのではなくて。子どもたちの力を信じることが必要だったなぁと感じました。私たちの学びと子どもたちの学びの同型性、この研究のメインなので、そのあたりをもう少し全体で捉えられるようにしていきたいと思います。　今回、まずは私の関わり方がよくなかったと反省です。ラウン

---

*45　村上：この日、岩瀬先生はラウンドスタディ後、ホワイトボード・ミーティング® のミニワークショップをしてくださいました。トランプを使いペアを決め、この日の授業で子どもたちが行ったオープン・クエスチョンで深める活動を追体験しました。

ドスタディの視点もあらかじめもっと考えておく必要がありましたし……。ものすごくモヤモヤしています……。次の授業まで少し時間があるので、もっと職員室全体の下地を整えることを考えてみます。今日はありがとうございました。またよろしくお願いします。

あれから、職員室に残っていたメンバーで今日の研究会の振り返りをしました。 お茶会、柔らかく話ができる場だったから、これからも大事にしていこうということを話しました。

（岩瀬先生）うん、そこが一番大切なところですね。職員室の学びが変わっていく。そここそが一番大事だと思います。今が一番苦しい時[*46]。だからこそポジティブにいきましょう。大人もコミュニケーション量を増やす時です。いい職員室だー！　研修日と研修日をどうつなぐか。日常にどう埋め込んでいくか、ですね。

　今が一番苦しい時……。実際その通りでした。お茶会で楽しく振り返りをしている人がいる一方で、校内研究のあり方に対する様々な不満も私の耳には届いていました。どうしたらよいかなぁ……と思ってはいたけれど、私はそれに対してまだちゃんと向き合うことができず、なるべく見ないでおこうとしていた時期。この状態に、どこからどう手をつけていけばよいのかわからないし、私の手に負えるのかもわからず、怖かったからだと思います。正直、このまま知らないふりをして済ませてしまいたいとも思っていました。

＊46　岩瀬：年度が変わると人事異動があり、教職員が入れ替ります。数人入れ替わるだけで、不思議とチームは最初の状態に戻りやすい。また1から丁寧につくっていこうという意識をもたないと「昨年はこうだったのに」と比較して苦しくてなります。だからこそ最初に大切なこと、「コミュニケーション量を増やす」ところからやり直すことを提案しました。とはいえ村上さんは昨年の積み上げから早く先にいきたい。しばらくこの苦しい時期は続くだろうなと思いながら伴走していました。

第4学年 実践

目指す児童像
相手の考えを理解して、語り合える子供たち

<教師の願い>
　友達の話をしっかりと聴いて受け止め、お互いを認め合ったり、支え合ったりできる仲間に成長してほしい。また、話し合うことの楽しさを実感してほしい。

<児童の実態>
・4月からペア対話を多く取り入れ、ホワイトボードを使用して聴いたことを書けるようになってきた。そして、自分の話したいことを話したり、相手の話を最後まで聴いたりできるようになってきた。ホワイトボードを使った活動を楽しみにしている児童が多い。
・何を話したらよいか分からず、話を深められない児童もいる。

<教材について>
・国語の「新聞を作ろう」の単元では、新聞の特徴を押さえ、その特徴を意識して実際に新聞作りをする。グループの話し合いでは、読み手に分かりやすいような新聞を作るために伝えたい情報の中心を考え、必要な事柄を調べて書き、文章をよりよい表現に書き直したりする活動を行っていく。

●単元名 国語:「新聞を作ろう」(第3時/全16時)

単元の学習計画

①新聞の特徴を知る。
②何についての新聞にするか、話し合う。
③新聞に載せる内容を話し合う。(本時)
④新聞の作り方を知る。
⑤取材の仕方について考える。
⑥取材をする。
⑦⑧⑨読み手に伝わるように、書き方を工夫して記事の下書きをする。
⑩⑪⑫見出しを考える。割り付けを考え、記事を読み返す。
⑬⑭新聞を仕上げる。
⑮三年生に新聞を届ける。
⑯学習を振り返る。

◎本時のねらい

〈国語〉どんな新聞を作るか話し合うことができる。
〈研究〉友達の考えを理解するために、ホワイトボードを活用しながら語り合うことができる。

◎本時の流れ

> (めあて)新聞にのせる内容について、オープンクエスチョンを
> 使いながら、話し合おう

1. 新聞を作るまでの手順について確認する。

2. 新聞の内容を話し合って決める。(4～5人組)
　　(大きなホワイトボードを使用する)

発散	:伝えたい内容
収束	:特に伝えたいこと
活用	:担当者の決定

3. 他のグループのまとめを見て回る。

4. 振り返りカードを書く。

2018年5月　研究2年目
研究発表会のデザインを考える

　5月下旬ぐらいから高田さんと私で、研究発表会のデザインをあれこれと考え始めました。私たちらしい研究発表会にしよう、参加者の方に楽しかった、来てよかったと言ってもらえる研究発表会にしようと、この頃から色々とアイデアを出し合ってきました。2人で話していくうちに2つの願いが見えてきました。1つは、全クラス授業公開をするということ。もう1つは、参加者全員でラウンドスタディをするということ。

　1つめの全クラス授業公開については、最後までみんなでつくることを大切にしていきたいという思いから生まれてきたものです。三小は若手の先生が多く、研究発表会の経験をしたことのない人がたくさんいました。校外の人に授業を公開するというのは不安を感じるだろうけれど、きっとよい経験になるはずと話していました。

　2つめの参加者全員でラウンドスタディをするということについては、私たちが大事にしてきた対話を中心とした協議会の形式を、参加者の皆さんにも体験してほしいという思いから生まれたものです。対話をすることで変わってきている自分たちを実感しているからこそ、この"感じ"を参加者の皆さんとも一緒に味わいたいと考えていたのです。そのためには、参加者全員が揃う、体育館で授業をする必要があります。これに対しては、本当にできるのだろうかという迷いもありました。

　また、大熊雅士教育長に研究発表会のまとめとして「教師の学び」について講話をお願いしようということにもなりました。永井校長先生から小金井市の教育委員会、大熊教育長に私たちが考えた研究発表会の趣旨を説明してもらいました。大熊教育長は快く引き受けてくださったとのこと。さらに、3年生の研究授業と授業後の協議会を実際に参観くださることになりました。小金井市教育委員会にも、今までとは違う研究

発表会をしたいと考えている私たちの思いを受け止めていただきました。現場の「やりたい！」に寄り添ってもらえるのは、本当にありがたいこと。チャレンジを後押ししてもらうことで、私たちの研究発表会は実現できたと言えます。

　今から考えると、本当にたくさんの人の力を借りて実現した研究発表会でした。もちろん岩瀬先生には、研究発表会のデザインについてもたくさん相談にのっていただきました。大きなことから小さなことまで……。例えば、研究発表会当日、1学級だけ体育館で参会者全員の前で授業公開してはどうか、というアイデアが出た時には、

（岩瀬先生）体育館で授業ってなかなか大変なイメージ。その授業で研究発表の全体のイメージが決まっちゃうなぁ[*47]。

（私）そうですね……。ハードル高いですよね。学年で分かれてラウンドスタディをやることも考えたのですが、スペースの問題や希望者の偏りが大きく出てしまうのではないかという話になり、1つの授業をみんなで見ようということになりました。たしかに、体育館での授業の印象によって変わってしまいますよね……。「私たちがこれまで積み重ねてきたラウンドスタディをみんなでやりたい」というのがみんなの一番の思いです。何かよい方法、あるでしょうか？

（岩瀬先生）ラウンドスタディのお題を工夫すればできる気も。

＊47　岩瀬：ぼくは研究発表会では三小の日常を見せるデザインがよいと思っていたので、この案には正直反対でした。そのニュアンスが出てますね……。とはいえ、当事者が決めることが大事。できるだけ引っ張らないように自分を諫めていたのを覚えています。結局体育館で授業が行われることになり、大成功に終わりました。無理矢理なしの方に引っ張らなくてよかった……。

（私）授業後、まず岩瀬先生にお話ししていただき、対話の方向性を定めてしまうほうがよいのかなとも思うのですが、どうでしょう？

（岩瀬先生）それはいかようにでも！　それぞれ見てきたことを持ち寄って話し合うこともできそう。

　……という感じ。従来の形ではない研究発表会をデザインすることは、初めての経験。高田さんという力強いパートナーが校内にいて、一緒に伴走してくださる岩瀬先生がいて……。2人の存在は私にチャレンジする勇気を与えてくれたなぁと思います。

2018年5月　研究2年目
第3回研究授業　～授業づくり検討会が始まった～

　第3回の研究授業は3年生。嶋さんが授業者でした。4年生の研究授業から少し時間があったので、研究部では研究授業を迎えるまでにどんなことをしていったらよいのだろうという話になりました。4年生、6年生と研究授業をしてきて、高学年分科会や学年で授業づくりをしてきたけれど、そのやり方でよかったのだろうか……、もっとやれることがあるのではないか……と。今の私たちに必要なことは、もっともっと「混ざる」こと。昨年からいる人、異動してきた人が「混ざる」。学年関係なく「混ざる」。授業づくりの段階から「混ざる」をより意識していこうという話になりました。
　早速、3年生の先生が先生方みんなに呼びかけ、授業づくり検討会を開くことにしました。4年生の研究授業後のお茶会にしても、今回の授業づくり検討会にしても、もっとこんなふうにすれば校内研究がよりよくなるのではないか？　私たちにとって必要なことは何なのか？　とアイデアを出し合い、やってみる動きが先生方の中からどんどん生まれて

くるようになってきたのです。

　この研究を大切に思い、つくることに自分から関わってくれようとする仲間が増えてきたことを感じていました。また、少しずつ、研究授業と研究授業の間がつながってきて、日常のものになってきた感覚がありました。私は、私たちの中にじわじわと広がってきた変化を感じていました。

　3年生の授業づくり検討会は、13人もの先生が参加してくれました。お茶を飲み、お菓子を食べながら、どんな授業にしようか……ということを話し合う場が生まれ、早速、教科はどうするか、何をするかの相談が始まりました。

　授業者の嶋さんが迷っていることを話すと、みんなであんなことをやったらどうか、こんなことができるのではないかと、どんどんアイデアがふくらんできました。そうこうしていくうちに、ホワイトボード・ミーティング® で社会科見学の振り返りをしてみよう、ということに。ホワイトボードを使って、「聴く」楽しさを感じられる授業をつくりたいという授業のコンセプトが、話していくうちに自然と浮かび上がってきました。検討会が終わった後、若手の先生方から「こんなふうに授業をつくる話し合い、すごく楽しかったです。」と声をかけられました。日常の中のこういう時間こそ、私たちが大切にしたいこと。改めてそんなことを感じたひとときでした。

　私たちがやってきた授業づくり検討会は、よくある、事前に授業者が指導案をつくってきて、それをみんなでたたき合うという形の検討会とはまったく違う方法です。みんなで、「ぐちゃぐちゃ」話し合う中から授業を生み出している感じです。授業の細かいところを詰めていくのではなく、大まかなコンセプト、大事にしたいことを共有する。そこから先の細かな方法や展開は、授業者やその学年の先生方が学級の子どもたちに合わせて考えていくという形に自然となっていったように思います。

　3年生の授業は、子どもたちが穏やかに、楽しそうに対話を楽しんで

いました。友達や先生に、話を聴いてもらえる心地よさを子どもたち自身が感じられている学級だなぁと思いました。私たち教師の変化がちょっとずつ子どもたちにも伝わってきている。そんな感じがして、なんだかうれしく思いました。

　この授業の協議会は、ラウンドスタディの時間を長くとることにしました。もうちょっと授業についてじっくりと話したいという声が聞こえてきたからです。1時間30分の対話の時間。やる前は、こんなに長い時間、話し続けることができるのかなぁ……という不安も少しはあり、もし、場が停滞してきたら変更しようと思っていたのですが、やってみると対話は止まらず、もっと話したいという声が聞こえるぐらいでした。

　この日は、大熊教育長も参加してくださいました。"視察"ではなく、実際に私たちの中で一緒に対話をしてくださったこと、こうやって関わってくれる教育長がいるなんて……と、正直驚きました。そして、最後に「すごく楽しかった！」と。ありがたく、うれしい一言でした。

目指す児童像

相手の考えを理解して話せる子供たち

<教師の願い>
　一人一人の意見を大切にし、相手を認めることができる児童に育ってほしい。また、友達の話を引き出すことができた体験を積み、聴くことの楽しさを実感してほしい。

<児童の実態>
・ペアトークを続けてきたことで、相づちやオープンクエスチョンを使うことを意識するようになってきている。話しやすい内容については話す楽しさを実感している。
・授業内では、話を最後までしっかり聴くことに課題がある。

<教材について>
・小金井市は、畑、住宅地、商業地など場所によって様々な違いがあり、小金井市の人々が、地域の自然的条件や社会的条件を生かして生活していることを理解できるようにすることをねらいとしている。

● 単元名　社会:「わたしたちのまち　小金井市の様子」（第8時／全15時）

単元の学習計画

① 小金井市全体の土地の様子について話し合い、学習問題をつくる。
② 小金井市全体の様子について調べる計画を立てる。
③～⑦ 武蔵小金井駅の北側・南側の様子を、実際に歩いてみてつかむ。
⑧～⑬ 小金井市の様子について話し合い、絵地図にまとめる。(本時)
⑭ 小金井市の特徴を理解する。
⑮ これからも小金井市の水と緑を大切にしていく必要性を考える。

◎本時のねらい

（社会）「たんけんカード」を基に、分かったことや発見したことを話し合う。
（研究）友達の考えを引き出しながら話し合うことができる。

◎本時の流れ

（めあて）市内めぐりで見つけたおすすめの場所について、
紹介できることを増やそう

1. 前時を振り返り、話し合いの進め方について確認する。

2. おすすめの場所について、ホワイトボードを使いながら話し合う。(3～4人組)

・1人が話し手、2人が聴き手、1人が書き手の役割に分かれる。
・「話し手」は、「たんけんカード」を基におすすめする理由を話す。
・「聴き手」は、オープンクエスチョンを使いながら詳しく聴く。
・「書き手」は、話し合ったことをできるだけ落とさずキーワードで書く。
・今回は2人の人が話し手になる。

3. 話し合って再発見したことを付箋に書く。

　さて、今年異動してきた先生方と、どうやってこれから進めていけばよいのかというモヤモヤした思いは、相変わらず私の心の中にありました。でも、まだまだそこに切り込んでいく勇気が私になく、今、校内研究から離れている先生たちは、いつ乗っかってきてくれるのかなぁというような思いでいました。私は、相手に変わることを求めていたのです。うまくいってないことを感じ、迷っていたこの頃、岩瀬先生にはたくさん励ましてもらっていました。

　（岩瀬先生）いい職員室＝いい学校＝いい教室。私たちはどんな職員室にしたいか？　そのためにできることは？　の共有が大事だと思います。
本来は研修でそれができたらよいのですけれどね。
学級経営と同じなのだと思います。
今は我慢の時で、丁寧に種まきをしておけば、夏休み明けからぐーっと変わってくるはずです。
ぼくが研究主任をしている時も夏休みの研修から加速しました。それまでは不平不満もよく聞こえてきたので……。
最後の研究発表もみんなで考えられる余地があるといいですね！

　私にはまったく先が見えていない頃、岩瀬先生にはこの先の道が見えていたのかなぁ。改めてメッセージを読み返してみると、そんなふうに思えます[48]。あの頃、「今は我慢の時」の言葉に私はいつも励まされていました。このままじゃよくない……、でも何をしたらよいのか……、

*48　岩瀬：組織としては停滞期にありました。昨年からいる教職員と、今年来た人の間に明らかな熱量の差が見られたからです（でも異動されてきた方々もまだ様子見で表面的にはお付き合いしてくれていました）。どこかでこのズレに向き合うタイミングが必要だと思っていました。実は私自身の2回の研究主任経験でも同じようなことがありました。「人や組織がぐっと変化するには最低半年は必要」というのが経験から来る実感値です。

この先に何があるのか……。不安しかない時に、この先に変化はきっとあると言ってもらえたことは、私にとって「救い」でした。

2018年6月　研究2年目
第4回研究授業　〜5年生の「てつがく対話」の取組〜

　今年度（2018年度）、高橋耕一さん、下浅優子さん、本田さん、そして私の4人で5年生を担任することになりました。

　毎年クラス替えをしているので、持ち上がりとは言えませんが、私は子どもたちを3年生の頃から担任しているので、3年目になります。2組の高橋さんは、昨年は3年生。同じ中学年だったので、これまで私がやってきたことはそれとなく知っていたと思います。3組は下浅さん。下浅さんは、私が3年生の担任の頃、支援員として、週2回、私の教室に来ていました。ですから、その頃から私があれこれとチャレンジしていることを知っていて、一緒におもしろがってくれていました。そして、4組は昨年一緒に研究授業をつくった本田さん。これまでたくさん対話をしてきて、私がやりたいことは伝わっていたし、私も本田さんがやりたいと思っている方向性はわかっていました。こんな4人だったので、学年でそろって話をする前から、4人の思いは重なるところがあるなぁと思っていました。

　春休み、学年で校内研究の打ち合わせをすることになり、子どもたちが3、4年生の頃からどんなことを積み重ねてきたのかを伝えました。そして、今年はどんなことをしていくかについて相談。私からは、
「昨年から取り組んできた、てつがく対話はやっていきたいと思っているんだよね……。それは大事にしていきたい。」
　と話しました。すると3人は、
「昨年の村上先生の授業を見て、やってみたいと思っていた！」
　と答えてくれました。私は学年で一緒に……ということを大切にした

いと思っています。それぞれがやりたいことを出し合って、学年みんなでやっていきたい。揃えなければいけないというのではなく、お互いのやりたいことに乗っかり合いながら、たくさんチャレンジをしていきたい。子どもたちも、私たちも「やりたい！」という気持ちを大事にして、この2年間を過ごしていこう。そんなことを確認し合い、私たちの学年はスタートしました。

　実際に4人で6年生を担任している今（2019年度）も、私たちは「やりたい！」を大事にしながら様々なことにチャレンジしています。本田さんが総合的な学習の時間にESDの学習をやってみたいと提案すれば、じゃあやってみようということになったり、下浅さんが「作家の時間」[*49]をやってみたいと言えば、みんなで本を読んで始めてみたり……。この2年間、4人で一緒にいくつのチャレンジをしてきたことでしょう。この4人だからこそできたことだなぁと思っています。

　さて、研究授業の授業者は、下浅さんになりました。7月の研究授業に向けて、少しずつてつがく対話の実践をしていこうと話をしていたものの、4月、5月は移動教室の準備でバタバタとしていてそれどころではなく、6月に入って、やっとその話ができるようになりました。どのクラスでもその頃から実践が本格的に始まりました。

　まずは、6月中旬にある道徳授業地区公開講座の授業に向けてスタート。私以外は、昨年のてつがく対話の研究授業を一度見ただけ。お茶小の『研究紀要』を見たり、本[*50]を読み合ったりしながら、どんなふう

---

*49　教師によって決められたテーマで書く作文ではなく、子ども自身が書きたいテーマを自分で決めて、自分が書きたいように書くという本物の作家になる活動。詳しくは、プロジェクトワークショップ編『増補版　作家の時間』（新評論、2018年）等を参照のこと。

*50　河野哲也『「こども哲学」で対話力と思考力を育てる』（河出書房新社、2014年）、p4c みやぎ・出版企画委員会『子どもたちの未来を拓く探究の対話「p4c」』（東京書籍、2017年）等。

に進めていくかを掴むことから始めました。

　私たちはそんな感じでしたが、子どもたちはてつがく対話2年目。どのクラスもやり方を心得ていて、てつがく対話の時間を楽しみにしている様子。4年生の頃からの積み重ねは大きかったなぁと感じます。

　道徳授業地区公開講座の授業では、初めて保護者の方に子どもたちのてつがく対話を見てもらいました。さらに次の時間は保護者の方も交えて、子どもたちと一緒にてつがく対話をしました。

　道徳の教科書の宮沢賢治の資料から、テーマは「強い人とは……」としました。子どもたちが真剣に考え、自分の言葉で一生懸命に語る姿を見て、この授業の価値を感じてくださった保護者の方がたくさんいました。保護者アンケートに書かれている言葉に、私たちが勇気をもらうほどでした。

「この経験は子どもたちの心にずっと残るものだと思います。」や「答えのない問いだからこそ、多様な考えが出る。よい取組だと思いました。」

などなど……。昨年度の4年生の担任たちは、この実践は続ける価値のあるものだと思って積み重ねてきましたが、昨年度の研究授業の時に出された否定的な意見も心には残っていて、保護者の方にこういう授業を受け入れてもらえるのかなぁという不安もありました。ですから、なおさら、この反響はうれしいものでした。

　さて、下浅さんの授業*51。学年で授業を見合う中で、子どもたちの発言を見えるように残しておこうというアイデアが出されました。話し言葉は消えていってしまう。そのせいで対話についていけない子どもたちもいるのではないかと考えたのです。教師がファシリテーターをしな

---

*51　岩瀬：次頁の写真は、子どもたちと大きな付箋を整理しているところ。「第2回目の校内研究会で教職員同士でやったKJ法を下浅さんは授業で取り入れていました。これが第1章で書いた「同型性」の1つです。

がら、グラフィックをしていくの
は難しいけれど、短冊にキーワー
ドだけ残しておくことならできそ
う。その流れで、いつも私たちが
ラウンドスタディでやっているカ
テゴリー化を子どもたちともやっ

てみたらどうか、ということになりました。対話を分類し、整理するこ
とで、子どもたちが自分の考えを深めやすくなるのではないかと考えた
のです。4人で実践を見合い、振り返りをしながら、柔軟に授業の形を
考えていくことができました。こういう時間は本当に楽しい時間。

　研究授業で行うてつがく対話は、「学ぶってどういうことだろう？」
というテーマにしました。私たち自身がお互いに学び合うことの楽しさ
を感じられるようになってきたことから、子どもたちともこのテーマで
対話をしてみたいと考えたのです。

　この頃から、私たちは、子どもたちの学びと私たち教師の学びのつな
がりをより強く意識するようになった気がします。私たちがやってみて
よかったことは教室でもやってみる。職員室での学びと教室での学びを
結び付けて実践できるようになってきた頃でした。

　この日の子どもたちのてつがく対話の時間は、温かくしっとりとして
いました。じっくり聴き合い、語り合う時間。私たちが考えたキーワー
ドによる視覚化も子どもたちの振り返りを読むと効果があったことがわ
かりました。

　授業後のラウンドスタディでは、テーマの設定の方法が話題になりま
した。これまでのてつがく対話は、教師がテーマを設定してきましたが、
子どもたちが行う対話の時間だからこそ、子どもたちが考えたテーマの
ほうが、対話がより"自分事"になるのではないか？　子どもたちは自
分たちの中から生まれてきたテーマで対話したいのではないか？　と。
学習者の視点から授業を振り返り、それを話題の中心として深めていく

ことができるようになってきたことを感じていました。

　また、今回の協議会は、ラウンドスタディを短めにして、その後、みんなで大人のてつがく対話をしたいと考えました。先生方には、
「子どもたちがやった活動を私たちも体験してみましょう。」
　と投げかけました。私としては、異動してきた先生方との溝を埋めるきっかけになれば……という気持ちで設定した時間でもありました。そろそろ何とかしなければ。突破口をつくりたい……と思い始めていたのです[52]。

　大人のてつがく対話も「学ぶってどういうこと?」のテーマで行いました。穏やかな空気が流れるよい時間。職員室で真面目に自分の思いを語る時間はなかなかありません。そんな中で、みんなが「学び」についてどう考えるかを語り合いました。自分のこれまでの経験、今の職員室で感じていること、これからこんなふうに学んでいきたい……。

　お互いにじっくりと相手の思いを聴いていると、ああ、こういうことを大事に考えている先生なんだということがわかり、なんとなくその先生が近く感じられるように思いました。先生方から語られる言葉は、本当に素敵。動画を撮りながら、私は感動。
「私は、この校内研究の場でたくさんのことを学べている。」
「学ぶって、本来、すごく楽しいことなんだよね!」
「ずっと学び続ける人でありたい!」

　研究発表会の動画「私たちのストーリー」のエンドロールに使われた言葉は、このてつがく対話の中で生まれた言葉でした。

---

[52]　岩瀬:村上さんの苦悩が読み取れます。この頃にはご自身で研修をデザインするようになっていました。「学び手になる」という経験の大切さも実感できていたからこそ、こういうデザインにしたのでしょう。

第5学年実践

目指す児童像
お互いの考えを活かし合い、考えを見つめなおす子供たち

<教師の願い>
　お互いの考えをじっくり聴き合うことで、一人一人が大切にされていることを実感し、居心地のよい関係をつくっていきたい。また、対話することで考えが広がったり、深まったりすることに気付き、楽しさを感じられるようにしたい。

<児童の実態>
・4月からペア・サークル対話、グループでの話し合いに取り組んでいる。自分の考えを恥ずかしがらずに話したり、素直な気持ちを伝えたりすることができるようになってきた。
・サークル対話では、話す児童が決まってきている。

<教材について>
・総合的な学習の時間の目標「(5)自己の生き方を考えることができるようにすること」に則した学習活動である。
・「探求の対話」とは、身近な話題や哲学的なテーマについて子供同士で対話し、考えを深め合うものである。

●単元名　総合的な学習の時間：「探求の対話をしよう」（第1時／全2時）

単元の学習計画
①「学ぶってどういうこと?」をテーマに探求の対話を行う。テーマについての考えと、対話を振り返る。

②前時の対話の中で、更に深めたい問いについて、もう一度、探求の対話を行う。テーマについての自分の考えを振り返り、まとめる。(本時)

◎本時のねらい
　(総合)自分の生き方を考えることができる。
　(研究)友達の考えをじっくり聴いて、自分の考えを見つめなおすことができる。

◎本時の流れ

（めあて）友達の考えをじっくり聴いて、自分の考えをもっと深めよう

1.テーマと探求の対話の約束を確認する。
　テーマ：「学ぶってどういうこと?」
　対話の約束：①友達の話を最後まで聴く。
　　　　　　　②何を話しても自由。
　　　　　　　③否定しない。

2．ペア対話で、自分の考えを整理する。

3.サークルになり、テーマについて対話をする。

4.テーマについての自分の考えと対話についての振り返りをジャーナルに書く。

　　振り返り：①今の自分の考え
　　　　　　　②対話についての振り返り
　　　　　　観点：友達の考えをよく聴くことができたか。
　　　　　　　　　安心して話をすることができたか。
　　　　　　　　　一生懸命考えることができたか。

下浅さんの振り返り

　村上先生をはじめ、高橋先生と本田先生と、4人で学年を組んだこの2年間。たくさんのことを学ばせてもらいました。「クラスの垣根を越えて、4人で学年の子どもたちを見ていこう。」「失敗してもいいから、いろんなことにチャレンジしていこう。」4月当初の学年会で決めた通り、いつも放課後にはその日の子どもたちの様子やうまくいったこと、難しかったこともたくさん共有して、「明日はこうやってみよう！」と勇気をもらったりして、試行錯誤しながらも前に進んでいきました。

　そんな中で迎えた研究授業で行ったてつがく対話。前日まで進め方やテーマについて学年で話し合い、1つの形を提案しました。授業後の検討会では、校内の先生方から「私だったらこうするかな」「こんなふうに進めたほうが面白い」と次に生かせる助言をたくさん頂きました。授業や検討会を終えてまず感じたのは、「チャレンジしてよかった」ということ。授業自体は、まだまだたくさん課題はあるけれど、検討会での温かい時間が、安心感が、明日のチャレンジにつながるのだと感じました。

　2年間の校内研究で大事にしてきたのは、「対話」。これは子どもたちに対しても同じで、教師としてだけではなく、1人の人間として本音で向き合って、たくさん話し合いをしてきました。「今何を感じているのか」「何のために、何をしたいのか」「どうあるべきか」問い続けるうちに、次第にコントローラーを子どもが持つようになり、自分たちで学校生活を創ることの楽しさや価値を、子どもたちが感じ始めたように思います。そして、子どもたちが創り出す学びを傍で一番楽しんでいたのは、私たち担任かもしれません。

　先生方と、子どもたちと一緒に歩んだこの校内研究。安心してチャレンジできる環境や、対話によって生まれる自主性。自分自身が心から「楽しい」「やってみたい」と思える実践を積み重ねていくこと。これからも、今の気持ちを忘れずに進んでいきたいと思います。

下浅優子

2018年7月　研究2年目
大切な大切な一歩を踏み出す

（岩瀬先生）次の検討会で振り返りをやりましょう。
今ある隙間を埋める作業をしたい。高田さん、村上さんにインタビューしようかな。どんな思いで研究を始めたのか。
今どんなことが不安なのか。赤裸々に。
それを受けて、残りの数ヵ月どうしたいか。

　5年生の下浅さんの授業が終わり、岩瀬先生からまず送られてきたのはこのメッセージでした。溝を埋めなければいけないのはわかっていましたが、どうすればそれが埋まるのか……、私が何かすることで埋まるものなのか……、自分だけではどうにもならない気がしていました。もっと正直に言うと、この状態に真正面から向き合うことが怖かったのです。このまま、見て見ぬ振りができればどんなに楽なことか……。そんな気持ちでいたところに、岩瀬先生が私たちにインタビューをしてくれるとのこと。岩瀬先生になんとかしてもらえるかもしれない。助けてもらえる。よかった。そんな甘い気持ちでメッセージを読んでいたとも言えます。でも、その数日後、岩瀬先生からさらにメッセージが送られてきました。

（岩瀬先生）今回、ぼくなしでやったほうがよいのでは？？
すごく大事な局面だと思います！

　突然送られてきたメッセージ。私は正直、どういうことなの？　と思いました。私たちだけで……？　私は何ができるんだろう……？　インタビューしてくれるって言っていたのに、なんで突然……？　次から次

へと疑問と不安が湧いてきました。今から考えてみると、私の「なんとかしてもらおう」という気持ちが岩瀬先生には透けて見えていたのではないかと思います。だからこそ、「ぼくなしで……」だったのではないかと。私は、そのメッセージを読んで、ただただ慌てていました。そして、やっとの思いで返したメッセージ。

（私）私の "こうしたい" というメッセージが強く出ちゃいそうで……。
それを消すためにはどうすればよいのでしょう？
色々考えていたらよくわからなくなってしまいました。
ちょっとゆっくり考えます……。

　本音で自分の思いを語ることにすごく抵抗があった私。今から考えると、"自分を出さない" というのは、これまでの私のあり方そのものでした。教師を続けてきて、何も考えてこなかったわけではありません。感じたり、思ったり、考えたりしてきたことはたくさんありました。でも、私はこれまで人と思いや考えをぶつけ合うことを避けたいと思ってきたのです。だから何か違和感があったとしても、自分の中で消化して、うやむやにしてきたことが多かった。面倒なことには巻き込まれたくないし、自分が傷つくことも避けたい。だから、あえて深く考えないようにしよう……、どうせ変わりっこないのだから黙っていよう……。そうやって、私は "自分" を出してこなかったのです。

（岩瀬先生）強くでていいと思いますよ。
村上さん、高田さんの研修への思いを丁寧に伝えたほうがいいと思います！
なぜこの形の研修にしているのか。なぜこだわっているのか。
何が大事だと思っているのか。いいなと思っていること。
今悩んでいること。

自己開示がないと、乗れない人も気持ちが乗せようがない感じもします。
村上さん、高田さんの「思い」を語ることが大事。
今回、僕が行ったほうがよいかは、よくよく考えてみてください。
腹を割って話す、タイミングですね！

「自己開示がないと、乗れない人も気持ちを乗せようがない……。」

　送られてきたメッセージを私は何度も読み返しました。これまで自分なりに一生懸命に取り組んできた校内研究。こだわってつくってきたつもり。こうやりたい、こうしていきたいと自分なりに考えて、1つ1つ積み重ねてきた。そんな思いがあるのに、なぜ今、私は自分を出せないのだろう……。何が邪魔をしているのだろう……。何度も何度も自分自身に問いかけていました。

　そこで浮かんできたのは、"これまでの私って……"ということ。苦しさから逃げようとしていた私。自分の力で乗り越えることを選ぼうとしなかった私。人と真正面から向き合うことを怖がっている私。

　変わらなければいけないのは私だ……。逃げている場合じゃない。岩瀬先生のメッセージを前にして、1人で何時間も考え、やっとたどり着いたのです。

　翌日、私が職員室でしたことは、とにかく色々な人に話しかけ、たくさん話を聴くことでした。

「今、研究についてどんなふうに感じていますか？」

　と。

　私が心を開いて先生方に声をかけると、みんな正直に語ってくれました。そして、それは私に足りなかったこと、私が変わらなければいけなかったことを突き付けられることでもありました。

　今でもしっかりと覚えているのは、今年異動してきた村井正子さんとの対話。

「私、村井先生と研究のことをきちんと話したいと思っていて……。」

と話しかけてみました。すると、

「この学校でやっている校内研究は、よくわからないのよ……。なぜこういう研究をやっているの？」

と。私は、どんないきさつでこの校内研究を始めようと思ったのかを話しました。実は自分も教職大学院時代に今までの自分を全否定されたような気持ちになり、揺らいだことを話すと、村井さんは、

「村上さんからそういう話を聞いてホッとした。」

と言ってくれました。そして、今の村井さんの不安な気持ちも教えてくれました。

「研究発表会が12月にあるけれども、自分はどんな授業をすればよいのか、イメージが持てない。それが一番不安なこと。がんばりたい気持ちはあるけれど……。」

と。その言葉を聞いて、私は自分がやらなければならないことがはっきりと見えてきたのです。異動してきた先生たちの気持ちに寄り添うこともせず、私の考えを汲み取ってほしい……、この校内研究の流れに乗ってきてほしい……という思いでいたことを、まずきちんと謝ること。その上で、私が目指していること、こだわっている思いを正直に話すこと。そして、改めて12月7日に向けて、みんなで再スタートを切りたいと伝えること。職員室で先生方の思いを聴くことで、なんとなく光が見えてきました。その夜、私はこんなメッセージを岩瀬先生に送りました。

（私）今日、何人かの先生と話してみました。何より、私が変わらなければいけなかったんだと痛感しました。今までの流れに乗っかってもらおうとしていた自分、先生方の不安に寄り添えていなかった自分。反省です……。困っていること、不安に思っていることを、もっと言い合いたい、聞いてもらいたいと言われました。まだまだですが、少し前進できそうだな……。今日の感触です。

　その後、次回の協議会に向けて相談した結果、岩瀬先生が私と高田さんにインタビューをする形で進めることにしました。岩瀬先生からは、「どんなことを聞かれたいか決めておいて」と言われたので、校内研究会の前日、私と高田さんとで相談。何をどう伝えたら先生たちに私たちの思いが伝えられるのか、そのためにどんなことを岩瀬先生に聞いてもらおうか、ホワイトボードに書き込みながら、校長室を借りて2人で何時間も話し込みました*53。

　そもそも私はなんでこの校内研究をしたいと思ったのか……から、今考えていることまで、きちんと整理してみようと思い、高田さんに聴いてもらうことにしました。

　教職大学院で、これまでの私には見えてなかったことを突き付けられ、それをすんなりとは受け入れられなかったこと。それでも自分の今までを一旦脇に置いて、もう一度学んでみようと思うようになったこと。教職大学院での学びを学校でも活かしたいと思ったこと。校内研究を始めてから今に至るまでのこと。研究を進めるにあたって、今、最も悩んでいること。そして、12月7日に向けてみんなとやっていきたいと思っていること……。

---

*53　高田：村上先生から岩瀬先生とのやり取りを聞いて、2人で校長室を借りて対話した時、私が思っていたこと。それは、「村上先生の思いを私がもっと知りたい」ということでした。副主任として、村上先生と共に歩んできて3年。それでも私は、村上先生の悩みや思いをまだまだわかっていないような気がして。村上先生から岩瀬先生とのやり取りを聞く毎に、「そんな思いでいたんだ……全然わかってなかったなぁ」っていつも思い知らされていたから。村上先生ともっと思いを共有したい。そんな気持ちが強かったんだと思います。校内研究をどう進めていくのか、どうすればまた一歩前に進めるのか。とことん話していたけれど、改まって、今までの思いやプロセスについて対話することができたあの時間。どれくらい話したのかわからないけれど、私にとってはあっという間だった。村上先生と対話するのが、ただただ楽しくて。そしてどこか根拠のない自信があった。村上先生の思いはみんなにきっと伝わるという……。変わろうとする村上先生の力になりたかった。それができるのは私だと信じたかった。

高田さんが問いかけ、私の思い
を引き出してくれたおかげで、頭
の中、心の中が整理されていきま
した。するとなぜか、今こうして
話した私の思いを、正直に、誠実
に、私の口からみんなに話したい
という気持ちになったのです。飾
らず、ありのままに、自己開示を
しようと。

　さらに、2人であれこれ話して
いるうちに、岩瀬先生にインタビ
ューをしてもらうよりも、私たち
だけでやったほうが、寧ろ、先生
たちに思いが伝わるのではないか、

という気がしてきました。今、この場で話したように、高田さんに引き
出してもらいながら、私の思いを率直に語る。腹が決まった！！　自分
たちだけでやる！！

　高田さんは本当に引き出し上手。高田さんに問われると、自分の想い
が自然と湧いてきて、躊躇なく語れるのです。高田さんがいてくれてよ
かった。2人でとことん話し合ったこの時間がなかったら、私は先生方
の前で自己開示をすることはできなかったでしょうし、先に進むことも
できなかったでしょう。

　高田さんとの話を終え、私は早速、岩瀬先生に「自分たちだけでや
る」ことを伝えるメッセージを送りました。

（私）こんばんは。今、高田さんと明日のことについて話しているので
すが、そもそも何でこの校内研究をしようと思ったのか、校内研究から
職員室を変えていきたいと思っていること、今、職員室で感じているこ

と、高田さんとやりとりをしているうちに、私たちだけで話が進みそうな気がしてきました。途中で深めたほうがいいポイントがあったら、質問を投げかけてください。

明日は、

①岩瀬先生から今日の授業についてのお話

②高田さんと私の対話（ここで、少し助けていただければ……）

③「研究を通して変わってきたと思うことは？　今の段階のモヤモヤは？」をグループで出し合う

こんな流れにします。私たち2人だけでやってみます！[*54]

　私は、ようやく、"自分の足で踏み出す！"という覚悟が決まりました。悩んで揺れた1週間。"私"に向き合った1週間。今でもこの頃のことを思い出すと、胸がギューっとなります。この場を変えたいと思うならば、変わらなければいけなかったのは私……。高田さん、三小の先生方、そして岩瀬先生のおかげで、私は大切な大切な一歩を踏み出すことができたのです。

[*54]　岩瀬：この一連のやり取りは、この校内研究・研修の分岐点です。違和感を「大声」で表出してくれる人がいる職員室なら、その声をきっかけに「では私たちはどうしたいのか」を考える機会をつくれるのですが、三小はおだやかな方が多く、違和感を表出してくれる人は出なさそう。しかし明らかに不安や不満は溜まってきている。村上さんとのやり取りの中でも、気になっているようでしたので、ここで正面から取り上げることを提案しました。本音で向き合い改めて「どうしたいのか」を話し合い、それぞれが当事者になることでしか再スタートを切れないと思ったからです。村上さん自身が変わらないと相手も職場も変わらない。自分に向き合うしかない。自己開示するしかない。これはぼく自身も何度も痛い思いとともに経験してきました。その背中を押すのが極端なことを言えば最後の役割と思っていました。そしてそれを受け止めてくれる人が職場に何人もいることを知っていました。どのように話が流れていっても、前向きに進んでいけるだけの素地はある、と分析していました。それにしても、2人だけでやります！　ときた時は驚きました。まさかそんな決断をするなんて！もう自走が始まっていたのですよね。

2018年7月　研究2年目
第5回研究授業　〜ターニングポイント〜

　私たちだけで思いを語ると決めた後、自転車に乗りながらの帰り道も、家に着いてからも、頭の中をぐるぐると、さっきまで高田さんと話していたことが繰り返されていました。なかなか寝付けず、眠りも浅くて、うとうとしているうちに朝になってしまいました。学校に着いてからもまったく落ち着けず、ソワソワ……。高田さんに、
「私、昨日からずっとなんかソワソワしてる。」
　と話していたのを覚えています。今から考えると、研究発表会の当日よりもずっとずっと緊張していました。

　昼過ぎに岩瀬先生が学校に到着し、今日の協議会の流れを確認。そして、高田さんと2人で昨日のやりとりのことを話しました。どんないきさつで、私たちだけでやると決めたのか、ということを。高田さんには、
「朝からソワソワしっぱなしなんですよ。こんな村上先生、初めて見ました。」
　と言われました。

　たしかに、こんな私は初めてかもしれない。これまで、職場で自分の思いを自分の言葉で語る経験をしたことがなかったから？　三小の校内研究にとって大切な日だから？　なんだか落ち着かない自分を感じてはいましたが、うまく話せるだろうか……とか、みんなに受け止めてもらえるだろうか……とか、伝わらなかったらどうしよう……などという不安はまったくありませんでした。自分の言葉で語ろう。そうすればきっと伝わるはず……。私はそう信じていたのだと思います。三小の先生たちを。

　さて、5時間目は2年生の杉浦公俊先生の授業。
「若い人ばかりに授業をさせて……というのはおかしい。だから、自分

が！　と言ったんだよ」

　と、授業者となったことを話してくれました。その話を聞いて、すごくうれしかったことを覚えています。授業は、杉浦先生の温かさがじんわりと伝わってくるものでした。参観している私たちまで、子どもたちと一緒に授業を楽しんでいました。2年生の子どもたちと話をしているうちに、私の心もほぐれてきて、授業が終わる頃には、よし、これから……という気持ちになっていました。

第2学年 実践

目指す児童像
相手の気持ちを考えながら伝え合うことができる子供たち

<教師の願い>
　一人一人の友達の話に耳を傾けて注意深く聴き、相手のよさを認めることができる児童に育ってほしい。友達と進んで関わり、話すことに楽しみを感じ、活動のよさを味わってほしい。

<児童の実態>
・ペアや少人数での話し合いは、得意な児童は進んで行うことができるが、苦手な児童は積極的に参加することが難しい。
・授業内では、自分の伝えたいことを伝えるだけで、友達の話を最後までしっかり聴くことに課題がある。

<教材について>
・お話クイズを作るという目的をもって本や文章を選んで読むことができる。
・2年生のほかの友達にお話クイズを楽しく発表することができる。

●単元名 国語：「お話クイズを作ろう」（第5時／全6時）

単元の学習計画

①意欲的にクイズを考えたり答えたりすることを通して、学習課題をつかむ。

②「ミリーのすてきなぼうし」を読み、内容を整理する。

③おもしろいことや、不思議なところに注目し、それをもとに交流する。

④お話クイズを作ったり、友達のお話クイズに答えたりする。

⑤⑥お気に入りの場面を選んで、クイズを作る。（本時）

◎本時のねらい
　（国語）お話の内容にあったお話クイズを友達と相談しながら作ることができる。
　（研究）クイズを通して友達と関わり合い楽しんで話し合ったり聴き合ったりすることができる。

◎本時の流れ

（めあて）友達に絵本の楽しさが伝わるお話クイズを作ろう

1. 絵本の楽しさを知り、お話クイズを作る意欲をもつ。

2. 教師の見本を見ながら、お話クイズの作り方とクイズの仕方を確認する。

　①問題を考えて、短冊に書く
　②三つ答えを考えて画用紙に書く
　③正解の説明を考えてカードに書く

3. グループで相談して三択クイズを考える。

4. 各グループの作ったクイズを発表する。

　協議会は、岩瀬先生からの授業のフィードバックで始まりました。ごく短時間でそれが終わると、

「ぼくからの話はここで終わりにします。ここからは、村上さんと高田さんに……。」

　と。座席をサークルの形にして、みんなの顔が見えるようにしました。それから、高田さんが丁寧に丁寧に私に問いかけてくれました。

「なんで、そもそも村上先生はこの研究をしようと思ったの？」

　と。私からはこんなことを先生たちに話しました。

　教職大学院で岩瀬先生の実践をビデオで見て驚き、公立の小学校でできるわけがない……と思っていた。それでも、授業の後はいつもモヤモヤしていて、仲間とたくさんたくさん対話をした。私はその仲間との対話でたくさん学べた。対話からたくさんの気づきを得られて、すごく楽しかった。そして、こういう場をいつか自分の学校にもつくりたいと思った。みんなで対話する校内研究をやってみたいと思っていた。三小に来て、いつか……と思っていたことが、こんなにも早くやり始めることができて感謝している。昨年の4月、みんなでこんな研究をしたいと話し合って、スタートができた時、すごくうれしかった……。

　そして、「今の思いは？」の問いに対しては、こんなことを。

　この1週間、岩瀬先生からとにかく色々な人に話を聴くという宿題を出されていた[*55]。私から職員室にいる先生方に話しかけてみた。そんな中、村井さんとの会話でハッとした。今年異動してきた先生方の不安に私がまったく寄り添えていないことに気づき、それを心から申し訳な

[*55] 岩瀬：研究主任の最も大切な仕事の1つがこれだと思います。1人1人の声を聴くこと。そうすると次にすることがみえてくるはず。少なくとも「自分の声を聴いてくれる」人の声は聴こうと思ってくれるはず。これを愚直にやるのが村上さんの素敵なところです。だからよりよい校内研修になっていくのですよね。それがあったからこそ、村井さんは村上さんの気持ちを受け止めてくれたと思っています。感動的なシーンでした。

いと思った。私の力だけでは12月7日を迎えることはできない。だからこそ、もう1回、みんなでこの研究をどうしていきたいか話し合い、みんなで前に進んでいきたいと思っている……。

　一言一言、自分の気持ちを確かめながら話をしました。私の心の中にある声に耳を澄ませながら……。本当に私が伝えたいことはこういうことなの？　と自分に問い返しながら……。

　私の話を受けて、村井さんが話をしてくれました。

「村上先生が、私たちの気持ちを受け止めてくれて感謝している。」

　と。なんと言ってよいのかわからない気持ちで、私は村井さんの言葉を聴いていました。私こそ感謝しかない……。村井さんとの職員室での会話がなかったら、私は変われなかっただろうと思います。そして、みんなの前で"私"を語ることもできなかったでしょう。

　その後は、昨年の4月、研究をスタートする時に、みんなでこういう研究をしたいと話しながら書いたホワイトボードの写真を見ながら、対話をしました。テーマは、「この研究を通して変わってきた私たちと今感じているモヤモヤについて」。

　"変わってきた私たち"よりも"モヤモヤ"のほうがたくさん語られていました。今年度に入って、研究授業をやり続けてきた私たちは、立ち止まることができてなかった。ワールドカフェの中に入り、先生たちと対話をしてみると、「ああ、そうだよなぁ」と共感できることがたくさんありました。こういう対話こそ、私たちの校内研究に必要なことだっ

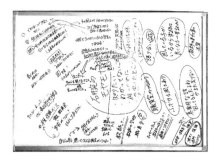

 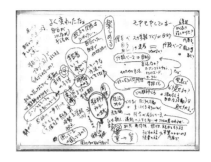

たのに、私はそれを見失っていたんだということに気づかされました。
　その夜、私は岩瀬先生にこんなメッセージを……。

（私）ありがとうございました。本当に本当に考えた1週間でした……。
今まで、見えているのに、見えないふりをしてきたことがたくさんあった。私のあり方をものすごく考えさせられました。
話し始める前はものすごく緊張しました。
まったく自分をメタに見ることができなかったので、先生方にはどんなふうに聞こえていたのかなぁ？　と……。
でも、私の思いは私なりに一生懸命伝えたつもり。
職員室でもあの後、先生方とたくさん話ができました。次は7月19日。
どんな話になったのか、またご報告します。
大切なことを学んだ1週間でした。本当にありがとうございました！

（岩瀬先生）大切な大切な1日でしたね。
後から振り返ったらターニングポイントになりそうですね。
誠実に向き合うことにつきますね！
すばらしい場に立ち会わせていただいて幸せでした。
ここからですね。

　振り返ってみれば、三小の校内研究にとって本当にターニングポイン

トとなった１日でした。そして、私にとっても、自分が変わるターニングポイントとなった１日。この日のことは、ずっとずっと忘れることはないでしょう。大事に大事に私の心の中にしまっておきたい１日でもあります。私が変われた日だから……。

　こんな大変な局面に、一緒に向き合い、解決の道を模索してくれた高田さんは、私にとって本当に大きな存在でした。この２年間の校内研究の中で、一番高い壁を２人で乗り越えた瞬間だったと言えます。１人では絶対に乗り越えられなかった……。２人だからこそ乗り越えることができたのだと思っています。

2018年7月　研究2年目
再スタート！！

　夏休み前最後の校内研究会の前日、研究部の先生たちと、これからどんな方向性で進んでいけばよいのか、話し合うことにしました。前回の対話の時間に書かれたホワイトボードをみんなで囲み、さて、これからどうしよう……と。

　まず話題に挙がったのは、「この校内研究はめざすものがはっきりしていない」ということ。"信頼ベース"をめざすと言っているけれど、そもそも"信頼ベース"って何なのか？　それが見えていないから、私たちはモヤモヤしているのではないかという意見が出されました。

　その後、みんなで自分なりの解釈を話していくうちに、これが"信頼ベース"という１つの答えがあるわけではない。私たち１人１人が考えている"信頼ベース"をお互いに分かり合うということが大切なのではないか。でも、これまで私たちはそれをみんなでじっくりと話してこなかった。だとしたら、これからそれぞれが考えていることをもっと出し合い、お互いに見える形にして、共有していこうということになりました。

　また、「研究の進め方が学年の枠を越えられていない」という意見も
出ました。私たち自身がもっと「混ざる」ことを意識していく必要があ
る。そして、1人1人、やりたいことが違ってきているという今の現状
があることから、夏休みからは学年の枠を越えて、関心があること、や
りたいことを追求するチームをつくり、実践を進めていく場もつくろう
ということになりました。そうして生まれたのが「サークル」です。

　この日、研究部のメンバーで、2時間以上もじっくりじっくり話し合
いました。みんなで話していくと、これからやっていきたいこと、やっ
ていかなければならないことがはっきりと見えてきて、翌日の校内研究
会が楽しみに。

　正直に言うと、この話し合いを始める前は、こんなに前向きな話し合
いができるとは思っていませんでした。先生たちからたくさん挙げられ
たモヤモヤをどうしたら解消していけるのだろう。研究部のメンバーで
どこまで話ができるのだろう。そんな思いもあったのです。けれども研
究部の先生方は、しっかりと先を見ていました。これを大事にしていこ
う、こんなふうに変えていこうと力強く語られる言葉を聞いて、本当に
ありがたいことだなぁと思いました。そして、改めて、校内研究は三小
の先生方みんなのものなのだということに気づかされました。

　研究部の先生方は本当に頼りになる存在です。ベテランの先生が多く
て、「これまでの考え方を変えなければいけないから難しい。」と言いな
がらも、いつも柔軟に対応してくれました。私は、いつもいつも助けて
もらっていました。

　翌日の校内研究会は、先週の話し合いで出された意見を紹介すること
から始めました。みんなの話をまとめるとこんな感じに……。

★モヤモヤしていること
- **研究発表会当日、私たちのやってきたことをどう見せるのか?**
- **めざす児童像は?**

- 信頼ベースとはそもそも何か？
- 手法を統一しないのか？

★変わってきたこと
- 子どもたちの聴き合う意識が高まった
- 教室と職員室のつながりを感じ始めた
- 教員の関係が密になった（温かい職場）
- 教員の意識が変わってきた（チャレンジ、主体的）

　先週出された上のような意見をシェアした後、「これから私たちは何をやっていく？」という問いを立てて、ワールドカフェをすることにしました。先週に続いて、先生たちの語りはものすごく熱い。これまでやってきたこと、そこから見えてきたこと、これからもっと考えていきたいことなど、たくさんのことが話題に挙がりました。
　例えば、評価の話。
「この研究は、何をもって子どもたちを評価すればよいのかわからない。」という意見に対して、島津智子さんは、
「授業デザインにある『研究のねらい』は、どの子もクリアしてほしいことなんだよね……。私たちがクラスの子どもたち、1人1人になってほしいと考えている姿。それを学級づくりの中で教師がどうデザインするのかが大事なのだと思う。評価って、この子ができている、できていないを振り分けるためにあるわけじゃない。子どもたちを包み込むように見ていくことが、大事なことなんだよ。」
　と語っていました。私は横で聞いていて、思わずジーンと……。島津さんらしい、温かい言葉だなと思いました。
　また、「校内研究として、みんなで手法を統一するべきなのではないか。」ということに対して、齊藤寛さんは、
「この校内研究は、自分のやりたいことをやっていいって言ってもらえ

るからこそ、自分はのめり込むことができた。やり方を統一されたらモチベーションは下がる。1人1人のやりたいという気持ちを大事にしたい。」

　と語っていました。その話を受けて、佐野さんが、

「この校内研究は何かを統一することをめざしているんじゃないんですよ。お互いに進めていることやそれぞれの価値観を共有することが大切なんでしょ。」

　と……。今まで大切にしてきたことの価値を語ってくれたこと、これまでやってきた三小の校内研究の本質は「共有」にあるとまとめてくれたこと、そして何より、みんなで校内研究に向き合い、これからどうしていくか、"自分事"として語る場を改めてつくることができたことに、私は喜びを感じていました。先生たちの力って本当にすごい……と心から思ったのです。

　この日の校内研究会の最後、永井校長先生は、

「これまでの先生たちの姿を見ていて、こんなに笑い合っている校内研究は見たことがない。そして、こんなに真剣にみんなが語り合って、お互いに関わり合っている校内研究も自分は経験がない。先生たちの姿こそ、研究発表会当日に、見てもらいたいと感じている。」

　と話してくれました。温かい後押しの言葉。ありがたかった。

　さて、この話し合いを通して、これから私たちが具体的に取り組んでいくことも決まりました。

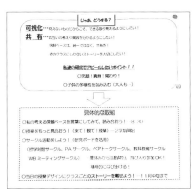

- 1人1人が考える"信頼ベース"を言葉にしてみること
- 授業をたくさん見合っていくこと
- サークル活動を始めること
- 研究発表会当日、クラスごとのストーリーが参観者に伝わるようにすること

職員室に戻ると、みんながやっ
ていることが見えるように、ホワ
イトボードを活用しようという話
が出て、すぐに平塚さんが掲示板
をつくってくれました。そして、
早速書き込みも……。その様子を

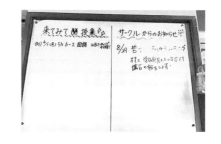

見て、私たちはまだまだこれから前進できるんだとワクワクしてきまし
た。
　１人１人が動力となって、停滞していた校内研究を動かし始めた……。
本当に本当に、ここから再スタート！！
　家に帰ってから、その日のことを岩瀬先生にお伝えしました。

（私）前回、ちゃんと自分の思いを語ってよかったです。
やり方を統一されたら、これまでやってきたモチベーションが下がると
か、価値観の多様さがこの研究のよさだと思うから……とか、若手の先
生たちが語ってくれました。
そして、それをベテランの先生たちがまとめてくれました。
今日の校内研究会はものすごくよい雰囲気。
先生たちの対話を聞いていて、グッとくる場面がたくさんありました。
私、先生たちに、ホントにホントに感謝したい……。

（岩瀬先生）村上さん、がんばってきてよかったね！

　メッセージを読んで、涙が……。みんなに助けてもらったからできた
こと。みんなでつくっている。それが私たち三小の校内研究。

2018年8月　研究2年目
自分たちでつくる校内研究に

　1学期最後の校内研究会で決まったサークル活動開始。兼部OK！
飛び入り参加OK！　自分たちのやりたいことが大切にされ、緩やかに
つながりあって学ぶ場がつくられ、スタートしました。PAサークルは
すぐに活動日を決めて校内研究用
のホワイトボードに告知。齊藤さ
んが中心となり、自主的にどんど
んと研修を進めていました。1学
期に各クラスでやってみたものを
紹介し合ってやってみたり、新し
いものを試してみたり、PAの本

の理論的なことをまとめてみたり……。PAサークル以外の人も、自由
に参加。みんなで集まってアクティビティの体験をする姿も見られるよ
うになりました。若手もベテランもなく、フラットな関係性で学び合え
る場ができたのです。
　また、てつがく対話サークルは、私がこの夏に受けた土屋陽介[56]先
生の講習の内容をシェアすることからスタート。てつがく対話の理論的
なこと、発達段階に応じた方法、ファシリテーターとしての心構えなど
について紹介。また、2学期にてつがく対話の問いづくりで使ってみた
い絵本を探すこともしました。みんなで絵本を読み合い、「これはおも

---

[56]　開智日本橋学園中学・高等学校「哲学対話」の専門教員（教諭）。開智国際大学
　　教育学部非常勤講師。子どもの哲学、教育哲学、現代哲学が専門。NPO法人「こど
　　も哲学・おとな哲学　アーダコーダ」理事。著書に『僕らの世界を作りかえる哲学の
　　授業』（青春出版社、2019年）等がある。

しろい問いが生まれそう」「これは子どもたちと考えてみたい」などと話しながら、一緒に教材を探し、授業をイメージするのは、とても楽しい時間でした。そして、私たちの中でてつがく対話に対する理解がグッと進んだ感じがしました。

　夏休み最終日に予定されていた校内研究会では、「1人1人が考える"信頼ベース"を言葉にしてみること」をしたいと考えていました。私は、ただ1人1人に書いてもらうのではなく、先生たち同士で思いを引き出し合いながら、まとめていけたらいいなぁと思っていました。

　そんなことを考えていたところ、夏休みに中野民夫[*57]先生の相互インタビューのワークを体験することができました。2人1組で、

　①これまでどこでどんな仕事をしてきましたか？

　②その中で、印象に残っているシーンというとどんなことを思い出しますか？　またどうして印象に残っているのでしょうか？

　③教師として、また人間として、成長したと思うのはいつどんな時ですか？

　④人はどういう時に学び、成長すると思いますか？

という質問をし合い、語り合いました。そして、聴き取ったことをレポートにして相手にプレゼント。レポートを読み上げてもらうと、何とも言えない温かさと心地よさを感じることができたのです。私は、これ、先生たちとやりたい！　この方法で「1人1人が考える"信頼ベース"を言葉にしてみる」ワークをやってみよう！　と考えました。

　校内研究会では、3人1組で　相互インタビューのワークを第二音楽室ですることにしました。語られる声をしっかりと聴いて受け止める時間、相手が語った言葉を文章として書き起こす時間。すごく和やかで、真剣で、温かい時間でした。校内研究会が終わった後も第二音楽室に柔

＊57　東京工業大学リベラルアーツ研究教育院教授。ワークショップ企画プロデューサー。著書に『ワークショップ』『学び合う場のつくり方』（以上、岩波書店）等がある。

らかな空気が残っている感じ……。先生たちも、口々に、「楽しかったぁ、いい時間だった。」と言ってくれました。私たちがこれまで大切にしようと話してきた、「聴き合う」ことのよさを改めて感じることができたひととき。

　ここで1人1人が語った「自分の考える信頼ベース」は、研究発表会当日の配布資料になりました。当日配布する資料づくりについて話し合っている時、先生たちの中から、「自分の思いを込めたものだからこそ、手書きで書きたい。」との声があがりました。

　私は、「それって先生方の負担になりませんか？」と返したのですが、「そこは大事にしたいことだから、絶対に手書き……」と。そんなやりとりを経て、私たちは手書きで「自分の考える信頼ベース」の文章（次頁参照）を書き上げたのです。

　自分たちでつくる校内研究。自分たちでつくる研究発表会。私たちの中にだんだんとその意識が高まってきた夏休みでした。

私の考える信頼ベースの学級とは・・

　学級の主役である子供たちが、安心して学び合い、子供たち自身の力で失敗や困難を乗り越えていく。その経験が「ぼくたち、わたしたちが力を合わせれば、きっとできるよね」という自信につながっていく。そんな温かく前向きな学級を目指しています。

　担任は「温め役」として「おおらかに、こまやかに」多様な子供たちを平等に温め、背中を押していく。先回りして手を貸し過ぎないようにします。

　また、友達と考えが違うことを怖がらず、逆に楽しめるような学級を目指します。「自分が思いつかないことを友達が思いつくから、考えが広がるんだ」ということを実感させたいです。そのために、失敗を恐れずチャレンジさせることを大切にしています。もちろん、うまくいくこともあれば、失敗することもありますが、その失敗がみんなの学びにつながればいいと思います。

　他者との関わりはその経験を通してでしか学べません。意見の相違やけんかも、解決を目指すことで大事な経験となります。

　多様性を認めるから、みんなイエスマンではなく、勇気をもって「ノー」と言えることも大切にします。学級は「他者との関わりを学ぶ教科書」でありたいと思います。

近藤　弘幸

私の考える信頼ベースの学級とは・・

　私の考える信頼ベースの学級とは、友達の考えを認め合える学級です。自分の考えを安心して素直に伝え合えることが理想です。そこに笑顔が自然と溢れる学級なら最高です。

　理想とは違い、現実はうまくいかないことの方が多く悩んでいた時に、人と人との関わりを大事にする現在の研究に出会いました。この研究は、一人一人の個性が光り、周りの友達の考えや意見を認め合うことができるよいきっかけになります。例えば、哲学対話は何を言っても大丈夫なので、普段発言が苦手な児童が笑顔でファシリテーターをしたり、友達の意見に関心をもって聴いていたりする姿を見ることができます。一人一人多様な考え方をもつ人間だからこそ、答えを導き出すばかりではなく、自分の意見を伝え合えるようになったり、友達の意見を聞いて納得したり、更に深めたりすることが大事だと感じます。

　今日まで子供を信じたり、思考する時間を確保したり、急がさずに待ってあげたりすることを心がけてきました。「教育は共育」という信念を忘れず、子供一人一人が安心でき、みんなが輝ける学級になるように子供たちと共に自分自身も成長していきたいと思います。

本田　慶介

2018年9月　研究2年目
第6回研究授業　〜最後の研究授業を終えて〜

　2学期が始まりました。9月12日は1年生の授業。研究発表会前、最後の研究授業でした。授業者は初任者の関谷真弓さん。授業が始まる前、緊張で硬い表情をしていた関谷さんと子どもたち。その様子を見て、アクションを起こしたのは、若手の先生たちでした。子どもたちに話しかけたり、関谷さんに大きく手を振ってみたり……。仲間のチャレンジを心から応援している若手の先生たちの様子を、ベテランの先生たちが笑顔で見守っていました。硬かった雰囲気が一気に和み、生き生きとした先生と子どもたちの姿が見られる授業に……。私は、研究授業がお互いのチャレンジを認め合い、支え合っていく場になったんだなぁとうれしく思い、その光景を見ていました。

　授業後の協議会は、夏休みの間、何度も集まってサークル活動していたPAサークルに、ミニワークショップをやってもらうことにしました。夏休みに、「PAのワークショップやってもらえないかな？」と齊藤さんに投げかけてみると、快く引き受けてくれました。

　それから、PAサークルのみんなでどんなアクティビティにするかを考えたり、PAについての説明を考えたり……。当日は、「緊張する……」と言いながらも、みんなで笑い合える楽しいワークショップをつくってくれました。みんなで笑い合うって大事なことだなぁとつくづく感じたひととき。校内研究の時間は、私たち自身が学ぶ楽しさを生み出す時間となっていったのです。

　そして、最後の岩瀬先生の話[*58]。こんな一節を私たちに紹介してくれました。

　「結果としての仕事に働き方の内実が含まれるのなら、『働き方』が変

わることから、世界が変わる可能性もあるのではないか。この世界は1人1人の小さな『仕事』の累積なのだから、世界が変わる方法はどこか余所ではなく、じつは1人1人の手元にある。」

　話を聴きながら、これまでの変わってきた私たちに自信をもとう。そして、研究発表会まであと3ヵ月。これからの過ごし方、これからの『働き方』が大切。1つ1つのことを大事にして、まだまだ変わっていこう。私にとっても、先生たちにとっても、いい時間をつくっていこう。そんなことを思いながら、岩瀬先生の話を聴いていたことを覚えています。

　その後の数週間は運動会一色。行事前のあわただしい職員室になっていきました。それでも、その頃のメッセンジャーを振り返ってみると、運動会の3日前なのに異学年の学びのことや個別化の学びの話をみんなでしていました。余裕というか……。どんなに忙しい時でも、ギスギスしないでどこかあそびがある感じ。これが三小の職員室の強みだなぁと思います。

　その頃、岩瀬先生と職員室に残っていたみんなでやりとりした話はこんな感じでした。

（私たち）今年は5・6年生合同で演技をすることになったので、子どもたち同士の教え合いの時間も入れられて、すごくよい取り組みとなりました！

＊58　岩瀬：これは私の大切な本、西村佳哲さんの『自分の仕事をつくる』（筑摩書房、2009年）の一節です。私自身がいつも手元においている言葉。三小でも1人1人が、時には迷い、悩みながら、でも1人1人が小さなチャレンジをし続けて、気がついたらこんな遠くまできていた。最後まで私たちの仕事を信じて積み重ねて研究発表を迎えよう、という思いでした。大切な場所で大切な人と共有している言葉です。

（岩瀬先生）異学年のよさですねー。その勢いで異学年算数とかやってみてください！　すごくいいですよ！　別々の課題で、「学び合い」ですね！　本当は３学年ぐらい離れているほうがいいんですけど。

（私たち）なるほど〜。領域は揃えたほうがよいのですか？

（岩瀬先生）単元違っても大丈夫です！　学童で大きなテーブルで宿題をやっていて、教え合っているところを想像してみてください。ゆるやかに学び合うのが大事ですね。「ここ教えて！」は異学年のほうが言いやすいと思いませんか？　体育だけじゃもったいないですよー

（私たち）どうやったらやれるのだろうと、職員室で盛り上がっていました。　勉強会やりたい！

　今振り返ってみると、異学年の学びの話をこの頃からしていたということに驚きます。
　みんな新しいことに興味があって、ちょっと投げかけられると、それってどういうことなのだろうと話題になる職員室。だからこそ今、色々なところでそれぞれのチャレンジが起こっているのではないかと思います。この話をした４ヵ月後に異学年の学びの試行が本当に始まるなんて、想像していなかったですが……。

第1学年　実践

目指す児童像

みんなで楽しく仲よく学習できる子供たち

<教師の願い>
　友達の話をさえぎらずに聴き、相手の言うことをまず受けとめることができる児童に育ってほしい。また、安心して聴き合ったり話し合ったりすることができ、その活動を楽しむことができる集団に育ってほしい。

<児童の実態>
・誰とでも仲よく遊ぶことができる。
・ペアやグループでの話し合いでは、話すことが得意な児童は進んで話すが、苦手な児童は話を聴くだけになってしまうことがある。
・話の途中で、自分の話を始めてしまったり、自分の感情を優先させてしまったりして、最後まで話を聴くことが難しい児童もいる。

<教材について>
・形の特徴について、グループで考えを出し合うことができる。
・「転がす」「積み上げる」などの活動をグループで協力して行うことができる。

● 単元名 算数:「かたち(1)」(第2時／全5時)

単元の学習計画

① 転がる形と転がりにくい形について考え伝え合う。

② 積み上げやすい形とそうでない形の違いについて考え、伝え合う。(本時)

③ 集めた立体の機能や特徴を生かして組み立て、作りたいものを作る。

④ 集めた立体の特徴をとらえて分別し、グループで仲間集めをする。

⑤ 立体から面を取り出し、組み合わせて絵を作る。

◎本時のねらい
　(算数)空き箱などの立体を積み上げて、積み上げやすい形とそうでない形の違いについて考える。
　(研究)形を積み上げる活動を友達と協力して行い、その特徴について聴き合い話し合うことができる。

◎本時の流れ

（めあて）どのような箱が、高く積めるか考えよう

1. 前時の学習を振り返る。

2. 学習の流れを知る。

3. 高く積み上げるにはどのような特徴をもつ箱を使えばよいか、グループで考えながら、箱を積み上げる。

4. 高く積み上げるために、工夫したことや考えたことを話し合う。

5. 積みやすい箱の特徴や向きを確かめて、まとめをする。

2018年10月　研究2年目
私たちが見出したこの研究の価値

　運動会が終わり、10月に入ると、リーフレットの入稿、2次案内の作成、発送など、いよいよ研究発表会に向けての作業が本格化してきました。

　まず始まったのは、当日に配布する研究リーフレットづくりでした。担当は本田さんと私。各学年から上がってきた原稿の体裁を整えるのは、なかなか時間のかかる大変な作業でした。けれども、私たちが作業をしていると、たくさんの先生が、「何か手伝えることある？」と声をかけてくれて、みんなで代わる代わる作業を進めました。原稿の誤字脱字のチェックをしてくれたり、写真の調整をしてくれたり、結局、仕上げはみんなで。

　このリーフレットには、よくある研究の成果や課題ではなく、私たちがここまで校内研究を進めてきて感じている"研究の価値"をまとめとして載せることにしました。私たちが校内研究でやってきたことを成果・課題という形でまとめてしまうのは、何か違うな……と思えたからです。大切にしてきたことは、これまで歩んできたプロセス。私たちの"思い"が伝わるまとめにしたいと考えました。書き上げたものを永井校長先生に見せ、「成果と課題ではないまとめ方にしたいのですが……？」と聞くと、「うん！　これでいこう。」という返事が返ってきました。教育委員会の指導室からも「これでいきましょう。」と言っていただき、無事に入稿することができました。

　右の写真は5年生の担任たちが、「私たちが見出したこの研究の価値」を書いている様子を撮ったものです。これまでのことを振り返り、私たちがこの研究を通して得

たものは何なのか、悩みながら言語化している写真。私は、この写真が
すごく好きです。職員室に戻ってきた時、3人の悩んでいる様子を見て、
思わず撮った1枚。私たちの校内研究は、こうやって、1つ1つ、みん
なで考え、みんなで悩み、みんなでつくり上げてきました。

2018年11月　研究2年目
教職大学院での授業　〜研究発表会前のチャレンジ〜

　10月から始まる岩瀬先生の「学校教育ファシリテーターの養成」の授
業。一昨年前、この校内研究が始まる前[59]、先生方に声をかけ、ちょ
っとずつ学びの輪を広げていった授業に、今年もみんなで行きたいなぁ
と思いました。
　岩瀬先生に、「校内のみんなに声をかけていいですか？」と話をした
ところ、
「もちろん、どうぞ。村上さんも三小の校内研究のこと、授業で紹介し
てください。」
　と。
　日程の調整をして、11月19日に教職大学院で授業をすることになりま
した。研究発表会の3週間前。きっと準備のために一番バタバタしてい
る頃。高田さんと一緒に行って、話すぐらいしかできないかなぁ……と
考えていました。
　でも、先生たちみんなにとって、せっかくのチャンス。2人で話すよ
りも、みんなでこれまでどんなふうに校内研究をつくってきたかを知っ

---

*59　岩瀬：ここで思い出すのは、この研究が始まる前、研究室でお引き受けしてから
　第1回目の校内研究会が始めるまでの間に、毎回同僚を連れてこの授業に来てくださ
　っていたことです。毎回違う人を連れてきていました。こうやってちょっとずつ関係
　をつなぎ、学びの輪を丁寧に広げていく村上さんのあり方が、職場の人の信頼を得る
　根底にあると思います。

てもらいたいなぁ、それが三小の校内研究なのだから……と思い、先生
方に声をかけてみることにしました。

　まずは研究部で、「せっかくなので、みんなで教職大学院に行って話
ができたらいいなぁと思っているんですよね……。」と提案。

　研究部の先生達も同じ思いでした。ぜひ、みんなで話してこようとい
うことになり、他の先生方にも協力をお願いすることにしました。私と
しては、そうは言っても、18時からの授業。先生たちはみんな、忙しい。
研究発表会前で授業の準備もあるだろうし、当日に向けてそれぞれがや
らなければならない仕事も抱えている。研究部のメンバーは協力してく
れるだろうけれど、7、8人集まってくれれば十分かなぁ……と考えて
いました。ところが、参加者募集の紙を回すと、どんどん名前を書き込
まれ、正直、私がびっくり……。

　結局、私を含めて20人もの先生が参加してくれることになりました。
これまで研究に対して違和感を語っていた先生たちも、名前を書いてく
れたのです。いつの間にこんなふうに私たちは変わってきたのだろう?
となんだか不思議な気持ちでした。参加者募集の紙に書かれた先生たち
の名前を見ていると、ありがたさと、うれしさとがこみ上げてきました。
また、参加できない先生たちからも「行けないんだけど、気持ちは参加
しています」などと声をかけてもらい、先生方の温かさを感じていました。

　教職大学院の授業の2週間前ぐらいから、どのようなプログラムにす
るか、私は高田さんと相談。こんな感じかな……という流れをつくって
はみたけれど、やっぱり先生たちと一緒に考えたいと思い、みんなで話
し合う場を設定しました。

　職員会議の後、参加者でサークルになり、どんなことをやりたくて、
どんな場であればよいと思っているのか、考えていることを出し合うこ
とから。私は、「繕う必要はないので!　自分たちがこの校内研究をや
ってみてよかったと思っていること、自分たちが迷っていること、今ど
んな気持ちで研究発表会を迎えようとしているのか、私たちのありのま

まを話せたらいいなぁ。私たちらしく。」と話しました。あとはみんな
におまかせ。

　若手の先生から、「はじめから場がわかれるのはなんとなく不安だな
ぁ……。」という意見が出されると、「だったら、はじめはいつもみたい
にみんなでサークルになるといいんじゃない？」というように、みんな
で対話をしながらプログラムをつくっていきました。

　今まで私たちは、たくさんたくさんこういうやりとりを積み重ねてき
たのです。だからこそ、こんなふうにみんなでつくることができるよう
になったのだろうなぁと思いながら、私は話し合いを聞いていました。

　教職大学院での授業当日。私からは三小の校内研究の概要を話しました。
その後は話し合ったとおり、みんなでサークル対話。院生の方々が私たち
を囲むような形になると、ちょっとした緊張感が……。そんな中で、この
校内研究を通して感じていることについての対話が始まりました。はじめ
は取り組んでみてよかったと感じている面から。私たちの変化、職員室の
変化、子どもたちの変化について、先生たちは自分の思いを語っていました。

　先生たち1人1人の言葉を聴きながら、2年前、数人の先生とこの授
業を受けに来ていたことを思い出しました。一緒に学んでいく仲間の輪
を広げたいと思い、勇気を出して職員室で1人ずつに、「一緒に教職大
学院の授業に行かない？」と声をかけていたあの頃のことを。ものすご
く遠慮しながら、ちょっとドキドキしながら、私はあの頃、先生たちに
声をかけていたのです。あれから2年が経ち、20人もの仲間とこの授業
に来て、自分たちの変化を院生の前で語っている。2年前はこんなこと
が起こるなんて、思ってもみなかった。あの時がこの日につながってい
たのだと思うと、こみ上げてくるものが……。

　この日私は、三小の先生方に必ず伝えようと思っていたことがありま
した。研究主任としての2年間で、"人"の見方が変わり、"職員室"っ
てすごい場所だと思えるようになったこと。"学校"が今までとは違っ
た色で見えるようになったこと。そう思える"私"に変えてくれた先生

方に、今の私の思いをきちんと伝えたいと思っていたのです。そんな思いを込めて、「私は研究主任の立場になって、一番感じたのは、先生たちの力ってすごいなということでした。すごく、悩んだんです。正直いっぱい。これどうしたらいい？　と投げかけた時に返ってくる先生たちのパワーがすごかった。それがすごくありがたかったし、今まで場を信じるとか、人の力を信じるって、そういう言葉

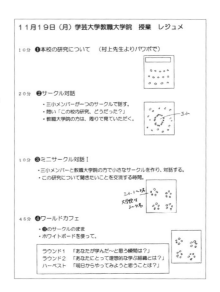

は聞いていたけれど、実際に自分で、本当に人って力があるんだなとか、職員室って場には力があるんだなって、感じられたのがこの研究だったなぁって思いました。」と話しました。

　また、サークル対話では、この研究への違和感についても話す時間を設けました。今、三小で起こっていることを丸ごと知ってほしいと思ったからです。島津さんの「喧嘩にならないように気をつけます。」の言葉に、院生の皆さんは釘付けに……。

「三小の研究は、自分が今までやってきた校内研究とは違うんです。私は、算数をずっとやってきて、そこでは叩き合うのが当たり前の世界。三小の研究はなんだか生ぬるいというか……。これでいいのかなと思いながらやっています。*60」

　と。島津さんのすごいところは、きちんと違和感に向き合うところ。まぁいいやではなく、向き合って逃げないところ。ごまかさない強さ。誠実さ。経験を積んでいくと、違和感を手元から逃してしまうことがたくさんあります。私は、まさにそうやって毎年毎年、自分を麻痺させていった感じがありましたが、島津さんは違う。自分の思いをストレート

に語る姿を見て、本当に素敵な人だなぁと思いました。

　私たち2人は、LINE（ライン）を中心にたくさん話をしてきました。お互い、自分の思っていること、考えていることを、何度もぶつけ合ってきました。研究部の中でも何度かそんなことがあり、周りの先生たちに気を遣わせてしまったことも……。でも、それはお互いに校内研究を大事に思っているからこそ、学校を大切にしているからこそなのです[*61]。

　校内研究を進める中で、島津さんの投げかけは、私にとって貴重なものでした。私は"思い"で突っ走ってしまうタイプ。島津さんとのやりとりは、そんな私をはたと立ち止まらせてくれていたのです。最近、これまで2人のやりとりに引いていた若手の先生たちが、「いいものを見せてもらいました〜」と言うようになってきました。私にとってはすごくうれしいことです。意見をぶつけ合うことは悪いことではない。どちらも本気で大事にしたいことがあるからだということに気づいてくれたように思うからです[*62]。

　さて、全体でのサークル対話の後は、ミニサークル対話をしました。三小の先生2人を院生たち数人が囲み、質問を受ける時間。先生たちが校内研究について語る様子を見ていると、みんな一生懸命。普段あまり意見を言わない若手の先生も、生き生きとこれまで私たちがやってきたことを語っていました。その姿を見ることができただけでも、みんなでこの教職大学院の授業に来た甲斐があったなぁと思いました。

　終わりが近づいてきた時、岩瀬先生から、「先生たちに向けて、村上

---

*60　島津：三小の研究はまるで教師たちを放牧しているような感じで、もう違和感でしかありませんでした。研究主題があり、仮説があるいわゆる普通の研究の場合、目指すゴールがわかるので安心しますが、三小の研究は、どこに落とせばいいのかがわからなかった。「答えは1つじゃない！　それだけがやり方じゃないよね？」ってずっと言われ続け、これでいいのかなって不安でした。それは今もそうですが……。
村上：答えは私も持っていないんです。「私だってわからないんだから、そんなの自分で考えればいいんじゃない！」っていうやり取りを何度もしていたように思います。

さんの気持ちをここで改めて伝えたら？」と声をかけられました。私も
感謝の気持ちを伝えたい。先生たちにお礼を言いたいと思っていたので、
「そうですね。そうします。」と答えました。

　高田さんから「最後に村上先生から……」と話を振られた時には、そ
れまで蓋をしてきた感情があふれ出てきて……。正直、何を言ったかあ
まり覚えていません。とにかくこれまでのことへの感謝の気持ちを、来
てくれた先生たち、来られなかったけれど声をかけてくれたり、見守っ
てくれたりした先生たちに伝えたいと思って、必死に話をしました。

　この授業全体をメインでファシリテートしてくれたのは、高田さんで
した。どのように進めるかを相談していると、高田さんは、

---

*61　村上：島津さんと私はお互いに思っていること、考えていることを何度もぶつけ
　合ってきましたが、確か大きな言い合いが２回ぐらいあったと思います。
　島津：それは確か、授業後の協議会の時に、学芸大の教職大学院の方たちが参加され
　て、これまでの協議会のあり方を問われ、「一方的に責め立てるような協議会という
　のは、どうなんですかね？」みたいなことを突然言われて、「私たちが今までやって
　きたことは、全否定なの！？」って思っちゃった時ですね。でも私は、これまでやっ
　てきたことに全然価値がないとは思っていなくて、協議会で否定的なことを言われて、
　「何くそ！」と思い、教材研究をし直したことなんて多々ありますし、協議会という
　のは、言いたいことを言い合う戦いの場ですから、そこで言いたいことを言えない人
　なんて、ダメな人間だと思っていたんです。そしたら、村上さんが「みんな島津さん
　みたいに強くはないんだよ」って言って、喧嘩になっちゃったのが１回。もう１回は、
　講師を呼ぶ件だったように思います。
　村上：「そのプロジェクトチームだけ講師を呼びますって、そもそもなんでチームご
　とにバラバラにやっていて、これって研究なの？　教科も決まっていないし、みんな
　一緒にやらなくて本当にいいの？」って言われたかな。でも私はその時も、「ここま
　でやってきたのに、何で今さらそんなことを蒸し返すんだろう」って思っていました。
　そこはわかってきているんじゃないの？　って。
　島津：きっと完全にはわかっていなかったんです。わかったかなと思ってもまたわか
　らなくなって、ああ、わかったかも！　と思っても、またわからない、といったこと
　をずっと繰り返していたように思います。
　高田：それで周りはすごく不思議がっていました。２人が激しく言い合った後も全然
　険悪な雰囲気にはならないから。ある意味、羨ましい関係です。

「村上先生が校内研究について説明した後は、私がやります。研究発表会当日のファシリテーターの練習にもなるし……。」

と言ってくれました。なので、この教職大学院の授業では、私は少し引いた立場で先生たちの様子、院生の皆さんの反応を感じることできました。高田さんのつくる場は、とても温かくて柔らかい。高田さんそのもの……。

人と人の巡り合わせって何なのでしょう。不思議なものです。2年前、

＊62　島津：最初は正直、対話とか振り返りジャーナルも面倒くさいなぁと思いながらやっていました。でも、周りがいいよって言っていたので、「取りあえずやってみるか」って。それで、実際にやってみたら子どもがすごくて、てつがく対話なんて子どもたちのほうから「しゃべりたい！」って言うんです。それで、「先生のそのやり方っておかしいと思う」とか「えこひいきしている気がする」とかガンガン言われ、私はもうショックで、1週間ぐらい落ち込みました……。でも、対話は対等ですし、何を言っても否定しないというルールがありますし、自分が悪いと思いましたので、「先生は謝るよ」と言って、子どもたちに謝ったんです。そしたら、自主学習のノートに、「先生は悪くないと思うよ」とか書いてきてくれる子もいて……。もちろん、そうだと思っている子もいると思いますが、色々考えをもっている子が集まって、1つの学級なんだなって思いました。当たり前ですが、以前はそういうことに余り目を向けてこなかったなぁって。研究者の方々が色々な提言をされ、それをすぐに受け入れられる人もいれば、やってみる中で自然と身につき、「ああ、いいものなんだな」って気がつく人もいたり（私は後者ですね）、色々なタイプの人がいると思うんですけど、それは教室も一緒で、教師が「こうやったほうがいいよ」とか「これってすごく身になるんだよ」って言ったことを40人すべての子がいいって思うわけじゃなくて、あさっての方向を見ている子もいるけど、いつかそれが何十年か経ったあとに、どこかで染み出てきたら、教育の効果があったのかなと思っています。
村上：今、何十年か経た後じゃないと教育の効果なんてわからないみたいなことを言っているけど、島津さんは最初の研究授業の時に、「その授業で成果を出せないことなんて意味がない！　その授業で子どもに変容が起きないってことは、その指導の仕方がよくないからだ」みたいなことを言っていたよ。
島津：そうだったかなぁ（笑）。
村上：そこで初めて言い合いになったの。「そんなことわからないじゃない！」って。その頃と比べたら、島津さん変わったなぁってしみじみ思います。
高田：うん、私も変わったと思います。
島津：みんな変わったって言いますが、私は全然変わっていないと思っています（笑）。

校長室で、高田さんが「私もやりたい！」って言ってくれなかったら、この校内研究は始まってもいなかったはず。「私と巡り合ってくれてありがとう！」。この言葉に尽きるなぁと思っています。

　授業が終わった後は、高田さんと2人で買っていたベーグルをみんなで食べながら、振り返りをしました。今でも、私はこの光景を思い出すと、熱いものがこみ上げてきます。

「あ〜終わったね〜。お腹すいたよね……。」と言いながら、みんなでベーグルを分け合い、笑いながら食べたあの時、私はこれまでにない幸せを感じていました。これまで何年も学校で働いてきて、こんな感情になったのは初めてでした。

　この先生たちとだから、私はここまでやってくることができた。大きな壁、小さな壁、いくつもの壁にぶつかってきたけれど、三小の先生たちと一緒に乗り越えることができて幸せだったなぁとしみじみ感じていたのです。みんなに、「村上先生、ありがとうございました。」なんて言われたけれど、感謝しなければいけないのは私のほう……。今までのことを感謝しつつ、あと3週間、みんなで一緒に楽しみたい！　そんな思いでいっぱいでした。家に着くと、次々と先生たちからLINEでメッセージが送られてきました。

「最後の村上先生や平塚さんの言葉にこの研究の価値を感じながら聴いていました！　大した力になれないですが、できること、どんどん手伝います！　あと3週間走り抜きましょう！」

「今日のサークル対話、あーこの感じ……。これが私たちの研究の醍醐味！　ってしみじみ。あとはみんなで形にしていきましょ！」

「先生方とこうやってご一緒できて幸せだなぁと思います。何年か後に今の幸せとか心地よさをもっと実感する日が来る気がしています。ありがたいです。このメンバーで迎える研究発表会当日も、準備の日々も、最初で最後ですね。楽しみたいです。」

「仲の良さは伝えられたけれど、思うように語れなかった部分も。個人

的な反省点です。残りの時間で自分の中でこれまでのことを整理します。
がんばります！」
「今日はありがとうございました。語っているうちに、この研究や三小
のよさに改めて気づけました！」
　1つ1つのメッセージを読み、胸が熱くなりました。岩瀬先生からも
メッセージを。

（岩瀬先生）いやあ、すごかったですね。この2年間の取り組みのハー
ベスト（収穫、結果）でした。

（私）ありがとうございました。みんなからメッセージが届いています。
自分たちのやってきたことを再確認できたとか、この研究のよさを改め
て認識できたとか……。1人で感動して泣いていました……。

（岩瀬先生）今日のゴール、「三小の方々がやってよかったとエンパワ
ーされる」を達成したね！　村上さんの努力の成果です！

（私）ありがとうございました。私が一番エンパワーされました。
先生たちの力、本当にすごい。そして、ありがたいです。
校内研究、まだ終わってないんですが、すごく楽しいのです。
何だろう？　この感覚って思うのですが……。
みんなが職員室でワイワイ言いながら掲示物をつくっていたり、授業の
こと話していたり、そういう場にいられること自体が楽しいし幸せ。
あと3週間は、そういう過程を楽しむことを大事にしないとなぁ。
本当にあと3週間なんですよね……。

（岩瀬先生）あと3週間楽しんでください！
向き合えば、学校はまだまだ変わっていきますよ！

今から考えると、研究発表会の3週間前、岩瀬先生は私たちにもう1段上にいくチャレンジの場を与えてくれたのではないかなぁと思えてきます。大学院で自分たちがやってきたことを話せたという経験は、私たちにとって大きな自信となりました。そしてその自信は、あと3週間、まだまだやれるという気持ちの高まりを生み出しました。私たちにこんなチャンスの場をつくってくれた岩瀬先生。どんな意図があったのか、聞いてみたいところです*63。

2018年11月　研究2年目
「私たちのストーリー」をつくる

　リーフレットの入稿が終わると、研究発表の準備が始まりました。研究発表は10分間。10月頃からどんな発表にしようかと、高田さん、島津さん、村瀬さん、そして私の4人で相談を始めました。リーフレットと同様、研究の成果や今後の課題を伝えるだけではなく、私たちのこれまで歩んできたプロセスをそのまま伝えよう、そこにこそ価値がある……という話になりました。とにかく10分間に、自分たちの変化、戸惑い、

---

*63　岩瀬：人はやりがいのあるチャレンジがある時に成長します。大学院でのアウトプットは、教員を目指す院生に話す機会なので、村上さんや教職員の皆さんにとって、やりがいのある「本物のアウトプット」になると直感しました。そのプロセスで自分たちの取組の価値を言語化する機会になります。自分たちの取組の価値の自覚、の機会をつくりたかったんですよね。研究発表の準備はどうしても内向きになり疲れますので、外にアウトプットする機会にポジティブなフィードバックをもらえれば、エンパワーされて研究発表が少し楽しみになるのではないかとも考えていました。それにしても20人も来てくださって、プログラムも自分たちで考えと、良質のワークショップ90分をすべて進行してくれたことには驚きました。研修のデザインがもう自分たちでいかようにもできるレベルになっていたのですよね。きっかけさえあれば、そこをとっかかりに想定以上のところに進んでいく、それが当事者がつくりあげるすごさだと実感します。

そしてこれからを私たちの語りを中心に詰め込んでみよう、そんな話を
したことを覚えています。

　でも、いざつくり始めてみるととても難しく、私たちの語りをつない
で、伝えたいことを参加者にもわかるようにつくるというのは、大変な
ことでした。初めは、島津さんがこれまで撮りためてきた動画を編集し
てくれました。

「夜中にその作業をやって、みんなの語りを聴いていたら泣けてきたん
だよね……」

　と教えてくれました。出来上がりを楽しみにしていましたが、みんな
でその動画を見ると何を伝えたいのかわからない……。1人1人の先生
が語っていることは、同じ場を共有してきた私たちにはわかるけれど、
そうではない人には伝わりにくいのです。この方法では私たちの思いを
伝えるのは難しそうだということがわかり、違う方法にしようということ
とになりました。

　次は、文章で伝えることを中心に考えてみました。でも、それはそれ
で1人1人の研究に対する思いが見えてこないし、校内研究をつくって
きたプロセスがどうも伝わりにくい。なかなか形にならないことに、モ
ヤモヤする日々が続きました。だんだんと行き詰ってきて、とうとう、
「もう、これは無理だよ。できない。」そんな発言が研究部の話し合いで
出されました。その場はシーン……と。

　私は、とっさになんと返せばよいかわからず、言葉が出ませんでした。
そんな中、村瀬さんが「無理って言ったって、やるしかないから。やろ
う。」とフォローしてくれました。その言葉を聴いて、私はやっと、「大
変な作業なのはわかる。でもせっかくここまでやってきたんだから、納
得できるものにしたいんだよね。私はやっぱり妥協せずにつくりたい。」
と自分の思いを伝えました。

　次の日、教職大学院で岩瀬先生に動画を見てもらい、なぜ伝わらない
のか、何が足りないのかを相談することにしました。

「わかりにくいのは、先生たち１人１人の話が、エピソードまでいっていないから。聞いていることが浅いところで終わってしまっていて、情景がみえてこないからじゃない？　あとは、夏休み前の停滞していたときのこと、その後のことを入れないと、見ている人たちが自分と重ねられないよね。」などとフィードバックをもらいました。

　それを聞いて、改めて、私たちが伝えたいことは何かを考え始めました。私たちがやってきたことは、“きれいごと”じゃない。うまくいっていた時もあったけれど、停滞していた時もあり、お互いぶつかり合ってもきた。そして、いまだに揺れている人だっている。ここまでまっすぐ進んできたわけではなくて、迷ったり、立ち止まったりしながら進んできて、今がある。もちろん研究を進めてきて、楽しいこと、おもしろかったこともたくさんあった。私たちが今、三小の校内研究に対して思っていること、感じていることをもっとストレートに伝えたい……。そんなことを話し合い、もう１回、構成をし直して、動画をつないでいく方法でつくり直してみようということになりました。

　話し合いに話し合いを重ねてきた私たち。この頃からやっと４人の中で、イメージの共有ができるようになってきました。そうなると、作業のスピードが急加速。足りない部分の動画を撮ったり、もう少し深めたいところが見つかると動画の撮り直しをしたり……。

「ここのところ、もう少しこうしたい。」「これが足りないから、必要だね。」とお互いに声を掛け合いながらつくっていけるようになりました。何度も何度も修正。とても大変な作業だったけれど、みんなで少しでもよりよいものにしようと話し合いながらつくっていくことは、本当に楽しいことでした。

　こうして一通りの形になったのが研究発表会の10日前。その後、指導室のチェックを受けて、“完成”となったのです。できあがったものを見合って、喜んだなぁ。「やっとやっとできた！！」と。

「私たちのストーリー」は私たちの思いを込めてつくった大切な「作品」

です。10分間の中に、2年間のありのままを詰め込みました。この「私たちのストーリー」づくり1つをとっても、お互いに自分の思いをぶつけ合い、悩みながらやってきました。それを乗り越える喜びも実感しながら……。

　こんなことの連続が私たちの校内研究だったなぁと思います。動画の中で、ある先生が語った「心が揺さぶられ続けた研究でした。」という言葉は、三小の校内研究そのものなのです。

　みんなで一緒につくりあげる楽しさを味わえる日も残りわずかとなってきた頃。私は、このままこの時間が続けばいいのに……という気持ちに。終わりが近づいてきていることに、寂しさを感じていました。

2018年11月　研究2年目
"全然できていない自分……"

　1週間前となりました。先生たちは次々に「これやっておいたから～」や、「こっちは私たちがやるから～」と声をかけてくれました。また、細かなところを調整してくれていたのは、内海副校長先生と高田さんでした。放課後、職員室に戻って当日の進行のあれこれをシミュレーションして詰めていく時間は、私にとって、とても楽しい時間でした。あぁ、いよいよだな……と。

　さて、この頃になり、ようやく私は自分の授業のことに気持ちが向くようになりました。一番の悩みは、体育館で子どもたちの声を拾う方法をどうするかということ。授業の中身ではなく、まずはここが一番の壁になっていました。近藤先生とおやじの会の小林浩さんがあれこれと考えてくれて試してみるものの、集音マイクなしに、声を拾うことができません。

　解決の糸口が見つからないまま、1週間前のリハーサル。5時間目から子どもたちと一緒に当日の動きの確認をしました。子どもたちは、なんだかものすごい興奮状態。体育館に行き、対話を始めてみましたが、まったく対話に入り込めないのです。「じっくり考える」場には程遠い

感じ……。きっと子どもたちは、この日の対話を"自分たちのもの"とは考えていなかったのだと思います。私は焦りました。マイクの問題があったとはいえ、それが大きな要因ではないことは私にもわかりました。まったくしっくりいかないまま、時間は過ぎ、子どもたちとのリハーサルを終えることになってしまいました。

　子どもたちが下校した後は、先生方に体育館に集まってもらいました。岩瀬先生の「皆さん、今、どんな感じですか？」の問いかけに、私たちはふっと力が抜けました。そして、笑いながら今の気持ちを語り合いました。子どもたちだけでなく、私たちだって、いつの間にか力が入っている状態。みんなで集まって、不安や心配を口にすることはなかった。ほとんどの人が初めて経験する研究発表会。緊張して当たり前ですし、これで大丈夫なのか？　と思って当然。岩瀬先生から、「いい意味で自分への期待値を下げて……」と言われて、やっと今の自分と向き合えた感じがしました。「あっ、私、力入っている。そうだよなぁ〜」と。

　その後は体育館で、研究発表「私たちのストーリー」と岩瀬先生の講演部分のつなぎを確認しました。村瀬さん、島津さんの進める研究発表を見ていると、これまでのことが次々に浮かんできました。そして、本当にあと１週間で終わってしまうのだなぁとしんみりもしてきました。高田さんも同じ気持ちだったようです。２人で並んで動画を見ながら、「あと１週間だね……。なんだか寂しい……。」と言い合ったことを覚えています。１日１日、その日が迫ってくるというよりは、もうすぐ終わってしまう寂しさのほうを私たちは強く感じていたのです。

　体育館での打ち合わせの後は、ワールドカフェの問いの検討。これまで何度も話し合ってきたものの、しっくりときていなかったのです。なぜ参加者みんなでワールドカフェなのかも含めて、もう１回練り直しました。みんなが話しやすい問い、自分事となる問い、そして、問いと問いのつなぎ……。岩瀬先生、高田さんと３人で相談して１週間前にやっと決まったものが当日の問いでした。

研究発表会のワールドカフェで設定した問いは以下のものです。

ラウンド①　あなたの人生の中で「ぐんぐん学べている時期」を思い出してみましょう。それはどんな状況でしたか?

ラウンド②　あなたにとって、理想的な学ぶ場とは?

ラウンド③　あなたが、理想的な学ぶ場をつくるために、明日からやってみようと思うことは?

　その日は遅くまで、高田さんと2人で、ワールドカフェのことを相談。そこでやっと、これでいける!　となりました。

　帰り道、私は、この日の子どもたちとのてつがく対話のことを振り返っていました。何がうまくいかなかった原因なのだろう。あと1週間、どうすればよいだろう……と。考えていくうちに、今日の子どもたちの姿は、私がこれまでやってきたことそのものだなぁと思えてきました。私は、学級を子どもたちと一緒につくっていくというより、私のこうありたいに子どもたちを近づけていこうとしていたのかもしれない。今日のてつがく対話も、「私が」どうにかしようと思っていたのかも……。子どもたちと共につくるてつがく対話の場になっていなかった。

　今から思うと、"全然できていない自分""変わらなきゃいけない自分"を感じたことは、その後の私にとって大きかったなぁと思います。このとき手元に残ったなんとも言えない悔しさが火種となり、その後の新たな実践へのチャレンジにつながっていったのですから。

　その日、岩瀬先生からは子どもたちとの共同修正の話[64]をメッセンジャーでやりとりしました。

（岩瀬先生）「先週の体育館のてつがく対話、いつもより深まってないと言うか、1人1人の言葉が短く感じたんだよね。マイクがあるせいかなぁ。どうするといいだろう?」という感じで、エンドユーザーである

子どもたちと相談してみたら？

（私）そうですよね……。子どもたち、違和感をたくさんジャーナルに
書いていました。そこを共同修正できたらと思います。

　これまでの私に足りなかったのは、子どもたちと一緒につくっていく
という意識。500人もの前で対話するのは子どもたち。その場を自分たち
でどうやってつくるか、私ばかり頭を悩ますのではなく、子どもたちと
一緒に知恵を出し合い、つくればよかったんだと改めて気づかされました。
　実際、翌週に子どもたちに相談すると、「もっとああすればいいの
に。」「こうすればやりやすくなる。」と次から次へとアイデアを出して
くれました。「教室でやって中継する？」という声があったり、「1人1
つマイクを！」という意見があったり……。私はその対話自体が楽しく
感じました。こんなふうに子どもたちと一緒につくる過程を楽しめばよ
かったんだ。大切なのはこんな時間だったんだ……と。校内研究では意
識してきたことなのに、学級では疎かにしてきてしまったことに、今更

＊64　岩瀬：共同修正とは、「そのコミュニティのメンバーでよりよくし続けるプロセ
　　ス」のことです。例えば、教室環境をどうしたら子どもたちは使いやすいか、学びや
　　すいかなぁと考える時、エンドユーザーである子どもたちに、「ねえ、どうすると使
　　いやすくなる？」と相談して一緒に教室環境をつくっていく。意見が割れたら、「じ
　　ゃあ、1週間ずつ試してみて、よかったほうでいこう。」と一緒に実践研究する。教
　　室環境を「共同修正」する。例えば、自立した個の学びのために学習予定や学習進度、
　　振り返りを記入するワークシートも、「試しにこんな形式にしてみたんだけど、使っ
　　てみて色々意見ください」と問う。使っている本人ならではの建設的な修正案がたく
　　さんもらえるはずです。このようにワークシートも「共同修正」すると、圧倒的によ
　　くなっていきますし、なにより子どもたちが消費者から主体的な「つくり手」に変化
　　していきます。一緒につくる。困ったら相談する。これが、学校の先生にとって（い
　　や先生に限らず）、最も重要なあり方だと私は考えています。「子どもと一緒につくっ
　　ていく」は校内研修で「他の先生たちとつくっていく」と入れ子構造です。常に当事
　　者と一緒につくる、修正するがとても大事な構えだと考えて伝えました。

ながら気づいたのです。

　こうして最後の1週間、子どもたちと話し合っていくうちに、「学校にあるだけのマイク全部置いて、隣の人がしゃべる時はマイクの向きを変えてあげればいい」という案が生まれ、その方法を本番でも採用することになりました。子どもたちは自分たちでやってみながら、やりやすい方法をどんどん考えていました。やっぱり子どもたちはすごい。子どもたちの力をひしひしと感じた1週間でした。まだまだなのは私だった……。

2018年12月　研究2年目
いよいよ前日！

　研究発表会前日は、午後の授業をカットして6年生と先生方と一緒に研究発表会の会場づくりをしました。垂れ幕を貼り、ワールドカフェができるように椅子を並べ、ホワイトボードをセッティング。

　体育館の様子を見て、一緒に準備をしていた6年生の子が、

「なんだか、カフェみたい。おしゃべりしたくなる。」

　と言ってくれました。

「そうそう！　明日は全国からたくさんの人が来て、ここで学ぶってどういうことかみんなで語るんだよ。」

　と話すと、「私たちも授業で対話するから、同じだぁ。」と。

　子どもたちの学びと、私たち教師の学びをつなげてきたことが、子どもたちにも伝わっている気がして、なんだかうれしく感じました。

　研究発表会前日の岩瀬先生とのやりとり。

（私）あと1日ありますが、これまで伴走していただいて、本当に本当にありがとうございました。

幸せな2年間だったなぁと、ちょっとしんみりもしています。

明日もどうぞよろしくお願いします。

（岩瀬先生）ぼくにとっても幸せな2年間でした。先生たちってすごい
ですよねー、つくづく。明日は楽しみましょうね！
そしてその光景を目に焼き付けましょう！

（私）明日、とても楽しみです。そして、少し寂しさもあり……。
もう終わってしまうんだな……と。
2年間、思いっきり駆け抜けました！！
一昨年、講師をお願いするために、研究室に伺った日のことを思い出し
ます。
あの時は、こんなに変わると思っていませんでした。私も、職員室も。
これまで本当にありがとうございました。
明日、泣いてしまわないかなぁと心配……。

（岩瀬先生）泣いちゃってください！　思いを込めてきた証拠。
明日、皆さんの素敵な姿を目に焼き付けます。
三小に、出会えて幸せだったなぁ。最後と思うとさみしい。

2018年12月　研究開始2年目
研究発表会当日

　いよいよ研究発表会当日。

　「おはようございます。」と職員室に入っていくと、いつも通りの先生たちの様子。研究発表会当日なのに、バタバタした感じがまったくない。

　「先生たちすごいですね。これまでやってきたことをそのまま見てもらおうと思っている感じがします。変な緊張感がなくて……。今日はよろしくお願いします。」

　と内海副校長先生に話しました。副校長先生からも、

　「そうなのよね……。いい意味で、いつも通りよね。」

　と言っていただきました。

　この日の研究発表会は、私たちにとって一区切りではあるけれど、これまで2年間積み重ねてきた中の1日。そんな気持ちで私たちは、この日を迎えていたのです。

　朝から私は、会場や配布資料の最終チェックをしたり、子どもたちと動線の確認をしたり、教育委員会と最終の打ち合わせをしたり、バタバタと動き回っていました。

　そんな私を見て、先生たちは、「何かやることがあったら言ってね。」と声をかけてくれたり、「ちゃんと給食、食べられた？」と聞いてくれたり、「今日は、思いっきり泣いちゃっていいから〜。」と和ませてくれたり……。最後の最後まで、先生たちに助けられました。

　全国から500人近くの方が参加してくださった研究発表会。研究発表会前から、当日を楽しみにしていることを伝えてくださる方もたくさんいました。そんな声が私たちのもとに届くたびに、気持ちが高まっていきました。そして、本当にありがたいことだなぁと思っていました。全国にこんなにも私たちの仲間がいる……。楽しく一緒に学び、そして、

これからも一緒に歩んでいきましょう。そんな気持ちで私たちは参加者の皆さんをお迎えしていたのです。

　また、研究発表会には、東京学芸大学教職人学院時代の仲間たちもたくさん駆けつけてくれました[*65]。当日のワールドカフェのホストは教職大学院の学卒院生の皆さんに協力していただきました。私の校内研究への思いのスタートは教職大学院。そんなつながりも、私にはうれしいことでした。

[*65]　8期生より：卒業後も緩やかにつながっていた東京学芸大学教職大学院 8 期生。「みんなで三小の研究発表会に行こう！」と卒業後も細々続けていた F3で話していました。発表会当日。体育館の会場に入ると、ちょうどワールドカフェが始まろうとしていたところでした。会場を見渡すとたくさんの見知った顔が。8 期生だけでなく、同窓生。そして、今現在、学びを深めている教職大学院に在籍している学卒生や現職生。加えて、教授陣。中でも印象に残ったのは、渡辺貴裕先生がうれしそうに写真を撮っていたことでした。　三小の研究発表会は、全国からたくさんの人が来ていただけでなく、東京学芸大学教職大学院でつながった人たちがたくさん集まっていました。三小の先生方にとって特別な日であったとともに、教職大学院でつながった私たちにとっても、"特別な日＝勇気をもらえた日"となりました。教職大学院で教育における"理想"を学んだ私たち。しかし、現場ではなかなかその"理想"を実現することが難しいという現実。理想と現実の間で迷いながら、もがきながらの日々を過ごしていた私たちに「学校は変われるんだよ。がんばろう。」と語りかけてくれたのが三小の研究発表会でした。

信頼をベースにした認め合う学級づくり

平成29・30年度　小金井市教育委員会　研究奨励校

～聴き合い、語り合い、深め合う子供たち、そして私たち教師～

あいさつ

小 金 井 市 教 育 委 員 会

教育長　大熊　雅士

　小金井第三小学校は平成29・30年度小金井市研究奨励校として研究を深めてこられました。この度その成果を発表する運びとなりましたことを心よりお慶び申し上げます。

　本校では、「信頼をベースにした認め合う学級づくり」を研究主題に、学級ファシリテーションの実践、ラウンドスタディによる提案授業の検証等、様々な取組を行ってこられました。対話を通し、子供も教師も互いに認め合いながら深い学びを実現していました。

　研究を牽引された永井　秀二校長先生をはじめ、本校教職員の皆様に心より敬意を表するとともに、熱心にご指導くださいました元東京学芸大学教職大学院准教授　岩瀬　直樹先生に、深く感謝申し上げ挨拶といたします。

はじめに

小金井市立小金井第三小学校

校 長　永井　秀二

　十七条の憲法の前文に書かれている「和以為貴」という言葉は、よく知る所の「和を以って貴しと為す」という意味の漢語です。様々な解釈がなされていますが、本校の研究の胆は＜児童同士、教師と児童、教師同士が心を開いてお互いの考えを聞き合い、尊重し合うことを大切にしたい＞ということであり、この意義とつながります。

　未来ある児童に、温かい人間関係を築く力をつけたい。相手の言い分に聞き耳を立て、お互いに認め合う気持ちで、是々非々を素直に認められるような話し合いがその根源です。本校の研究で、ほんの少しでも、その道筋を切り開くことができると信じています。皆様のご意見、ご感想、そしてご指導を心よりお待ちしております。どうぞよろしくお願いいたします。

平成 30 年 12 月 7 日（金）
小金井市立小金井第三小学校

校内研究構想図

教師の願い
- 互いに助け合い、支え合い、高め合う子供たちになってほしい。
- 生き生きと主体的に行動できる子供たちになってほしい。
- 子供たちの聴き合う関係性を育みたい。

学校教育目標
○考える子ども　◎仲良くする子ども　○働く子ども　○体をきたえる子ども

児童の実態
- ○係や当番の活動に責任をもって取り組むことができる。
- ○友達の意見につなげて発言することができる。
- ▲友達の意見を最後までしっかりと聴くことに対して課題がある。
- ▲友達のよさを認め合う意識が低い傾向がある。

研究主題
信頼をベースにした認め合う学級づくり
〜聴き合い、語り合い、深め合う子供たち、そして私たち教師〜

目指す児童像と重点取組

◎目指す児童像　★重点取組

<低学年> 聴き合う子供たち

1年生
◎みんなと楽しく、仲良くできる子供たち
★ペアやグループを活用し、楽しさを共有できる活動

2年生
◎相手の気持ちを考えながら伝え合うことができる子供たち
★ペアやグループを活用し、楽しさを共有できる活動

<中学年> 語り合う子供たち

3年生
◎相手の考えを理解して、話せる子供たち
★振り返りジャーナル、朝のスピーチ（ペア対話）、ホワイトボードミーティング

4年生
◎相手の考えを理解して、語り合える子供たち
★振り返りジャーナル、ペア対話、ホワイトボードミーティング、プロジェクトアドベンチャー

<高学年> 深め合う子供たち

5年生
◎お互いの考えを活かし合い、考えを見つめなおす子供たち
★振り返りジャーナル、探求の対話（P4C）サークル対話

6年生
◎お互いの考えを活かし合い、新しい考えを生みだす子供たち
★振り返りジャーナル、ペア対話、ホワイトボードミーティング、サークル対話、プロジェクトアドベンチャー

校内研究の進め方

個人

提案授業
自分自身の学級づくりに関する教育実践の検証をする。

実践レポートの作成
自分自身の学級づくりに関する実践の事実を書く。

教師の学びをアクティブにする

ポジティブなコミュニケーションを増やし、同僚性と協働文化をつくる

全体

ラウンドスタディによる提案授業の検証
互いの学級づくりに関する教育実践を検証し合う。

レポートの交流
互いの学級づくりに関する教育実践の事実を交流する。

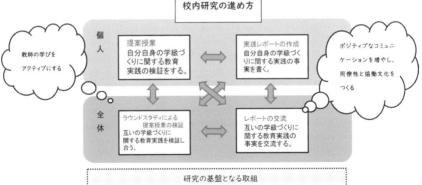

研究の基盤となる取組
○環境づくり　○学級経営案の作成と振り返り　○学級力向上アンケートの活用

研究の方法

ラウンドスタディによる提案授業の検証

ラウンドスタディとは、「ワールド・カフェを基盤にし、それを1時間程度の時間でできるように定型化・簡素化した手法」である。

参観者としての気付きを互いに聴き合い、語り合うことを中心に据えた授業検討会を積み重ねてきた。

対話を積み重ねる
校内研究
⬇
実践知の共有

学級づくりの
実践交流会

各学級や専科の授業で行った教育実践をまとめたレポートを持ち寄り、そのレポートをもとに小グループで実践を聴き合い、語り合う実践交流会を行ってきた。それぞれが行ってきた実践を交流することで、実践に対する課題意識をもつことができるようになったり、新たな実践を生み出すきっかけとなったりするような場となった。

体験型の研修

プロジェクトアドベンチャー[1]、哲学対話[2]、ホワイトボード・ミーティング[3]、体ほぐしの運動等、実践に生かせる手法を実際に体験する研修を繰り返し行ってきた。体験を通して、学ぶことで教師間の関係がより密になることを実感することができた。さらに、対話によってその手法の価値や学級での活用の方法について、理解を深める場を設定してきた。

1　冒険教育をベースにして、体験学習の手法を取り入れたプログラム。

2　子供たち自身でテーマと問題を決め、意見を出し合って、問題について考えを深め合う活動。

3　「お互いの意見を聴き合い、可視化しながら学び合う」手法。岩瀬直樹・ちょんせいこ（2011）『よくわかる学級ファシリテーション②子どもホワイトボード・ミーティング編』解放出版社。

第1学年 実践

目指す児童像

みんなで楽しく仲よく学習できる子供たち

<教師の願い>
　友達の話をさえぎらずに聴き、相手の言うことをまず受けとめることができる児童に育ってほしい。また、安心して聴き合ったり話し合ったりすることができ、その活動を楽しむことができる集団に育ってほしい。

<児童の実態>
・誰とでも仲よく遊ぶことができる。
・ペアやグループでの話し合いでは、話すことが得意な児童は進んで話すが、苦手な児童は話を聴くだけになってしまうことがある。
・話の途中で、自分の話を始めてしまったり、自分の感情を優先させてしまったりして、最後まで話を聴くことが難しい児童もいる。

<教材について>
・形の特徴について、グループで考えを出し合うことができる。
・「転がす」「積み上げる」などの活動をグループで協力して行うことができる。

● 単元名　算数:「かたち(1)」(第2時／全5時)

単元の学習計画

①転がる形と転がりにくい形について考え伝え合う。

②積み上げやすい形とそうでない形の違いについて考え、伝え合う。(本時)

③集めた立体の機能や特徴を生かして組み立て、作りたいものを作る。

④集めた立体の特徴をとらえて分別し、グループで仲間集めをする。

⑤立体から面を取り出し、組み合わせて絵を作る。

◎ **本時のねらい**
　(算数)空き箱などの立体を積み上げて、積み上げやすい形とそうでない形の違いについて考える。
　(研究)形を積み上げる活動を友達と協力して行い、その特徴について聴き合い話し合うことができる。

◎ **本時の流れ**

（めあて）どのような箱が、高く積めるか考えよう

1. 前時の学習を振り返る。

2. 学習の流れを知る。

3. 高く積み上げるにはどのような特徴をもつ箱を使えばよいか、グループで考えながら、箱を積み上げる。

4. 高く積み上げるために、工夫したことや考えたことを話し合う。

5. 積みやすい箱の特徴や向きを確かめて、まとめをする。

6. 学習の方法を振り返る。

○授業での子供の様子

グループ活動に入る前に、教師が児童の前で箱を積み上げて見せて、その高さよりも高く積むことを確認しました。

「先生はどんなふうにして積み上げるのかな。先生より高く積みたいけれど、どんなふうにしたらできるのかな?」

高く積み上げるには、どのように積んでいけばいいのか、工夫を考えたり、友だちにアドバイスしたりしました。

「下に平べったい大きな箱を置くといいんじゃない。そして、だんだん小さい箱を重ねて、てっぺんにポテトチップスの箱を置くと高くなりそうだよ。」

~成果と課題~　（○成果　●課題）

○子供たち同士の競争ではなく、先生に挑戦するという場をつくること、また教具をくじ引きで分けるなど楽しむ要素を加味することで、協力関係を保ちながら意欲的に活動できることが分かった。

○教具、表現法など、より具体的な手だてについて検討する中で、互いの技術を共有する楽しさを感じながら研究を進めることができた。

●用語や語彙を前時までに押さえ、言葉を「考えを伝え合う道具」として使えるようにすることが必要であった。

○実践した教師の学び

【学年で授業検討】
　　児童が仲よく伝え合えるような場の設定、発問や助言、指示の言葉を検討し、児童の実態に応じた指導方法の工夫を考えることが大切であると実感した。授業デザインを学年で何度も検討をすることで、学びが深まっていった。

【教科の中で研究の成果を出す難しさ】
　　児童の振り返りが、活動についての感想のみになってしまったので、授業の内容についての振り返りもしていくようにしたい。

○参観した教師の学び

【1年生における話し合い活動】
　　1年生の話し合いは、活動しながらつぶやき、そのつぶやきを受け止めるという活動であると分かった。児童が自然とそれができるような手だてが必要である。また、グループの構成人数や場づくりなど、発達段階に応じた工夫が重要であることが分かった。

【つぶやきから学びを深める】
　　授業の中で、児童はたくさんのつぶやきを発していた。つぶやきにしっかりと耳を傾けていく意識をもっていきたい。

第2学年 実践

目指す児童像
　　相手の気持ちを考えながら伝え合うことができる子供たち

<教師の願い>
　一人一人の友達の話に耳を傾けて注意深く聴き、相手のよさを認めることができる児童に育ってほしい。友達と進んで関わり、話すことに楽しみを感じ、活動のよさを味わってほしい。

<児童の実態>
・ペアや少人数での話し合いは、得意な児童は進んで行うことができるが、苦手な児童は積極的に参加することが難しい。
・授業内では、自分の伝えたいことを伝えるだけで、友達の話を最後までしっかり聴くことに課題がある。

<教材について>
・お話クイズを作るという目的をもって本や文章を選んで読むことができる。
・2年生のほかの友達にお話クイズを楽しく発表することができる。

●単元名 国語：「お話クイズを作ろう」（第5時／全6時）

単元の学習計画

①意欲的にクイズを考えたり答えたりすることを通して、学習課題をつかむ。

②「ミリーのすてきなぼうし」を読み、内容を整理する。

③おもしろいことや、不思議なところに注目し、それをもとに交流する。

④お話クイズを作ったり、友達のお話クイズに答えたりする。

⑤⑥お気に入りの場面を選んで、クイズを作る。(本時)

◎本時のねらい
　(国語)お話の内容にあったお話クイズを友達と相談しながら作ることができる。
　(研究)クイズを通して友達と関わり合い楽しんで話し合ったり聴き合ったりすることができる。

◎本時の流れ

（めあて）友達に絵本の楽しさが伝わるお話クイズを作ろう

1. 絵本の楽しさを知り、お話クイズを作る意欲をもつ。

2. 教師の見本を見ながら、お話クイズの作り方とクイズの仕方を確認する。

　①問題を考えて、短冊に書く
　②三つ答えを考えて画用紙に書く
　③正解の説明を考えてカードに書く

3. グループで相談して三択クイズを考える。

4. 各グループの作ったクイズを発表する。

5. どんなクイズがよいクイズか考える。

179

○授業での子供の様子

授業の導入では絵本の楽しさを皆で共有するため、絵本の歌を歌いました。

「絵本を読むとうれしい。」
「絵本を読むと面白いし、嬉しい気持ちになる。」
「怖い本を読むと心臓がドキドキする。」

3人一組のグループになり、役割を決めてお話クイズを作りました。お互いが解きやすいように三択でクイズを考えました。

「私は、問題の理由を考えるね」
「僕は、問題を説明する役をやるね」
「この問題だと皆がすぐにわかるんじゃない?」

〜成果と課題〜　（○成果　●課題）

○歌を歌うことで温かい雰囲気がうまれ、安心して話し合いができる環境づくりができていた。
○役割分担をすることで子供全員が意欲的に学習活動に参加することができた。
●「絵本の面白さ」に迫るクイズづくりを1時間で行うことは、2年生の子供にとって難しかった。

○実践した教師の学び

【単元全体を見渡した指導計画】
　単元の指導計画を立てる上では、いろいろな要素を取り入れる必要がある。それらの要素の中で大切なことを見極め、取捨選択して指導計画を立てることが重要であると感じた。

【見通しの与え方】
　教師がモデルとなる作品や活動例を提示することで、子供のやる気を引き出すことができる。特に、低学年の子供にとって、見通しを示すことは効果的であった。

○参観した教師の学び

【自然体な教師の姿】
　ギターでの替え歌の導入は、子供の学びへ向かう気持ちを高めていた。教師が自分の持ち味を子供に見せることで、「ありのままの自分でいい」というメッセージを送っていたと感じた。

【子供の思考に沿った学習計画づくり】
　子供がもっと絵本の世界に浸っていれば、より質の高いクイズを作ることができたと考えられる。子供の学びに寄り添うことの大切さを実感した。

第3学年　実践

目指す児童像
相手の考えを理解して話せる子供たち

<教師の願い>
　一人一人の意見を大切にし、相手を認めることができる児童に育ってほしい。また、友達の話を引き出すことができた体験を積み、聴くことの楽しさを実感してほしい。

<児童の実態>
・ペアトークを続けてきたことで、相づちやオープンクエスチョンを使うことを意識するようになってきている。話しやすい内容については話す楽しさを実感している。
・授業内では、話を最後までしっかり聴くことに課題がある。

<教材について>
・小金井市は、畑、住宅地、商業地など場所によって様々な違いがあり、小金井市の人々が、地域の自然的条件や社会的条件を生かして生活していることを理解できるようにすることをねらいとしている。

●単元名　社会:「わたしたちのまち　小金井市の様子」(第8時／全15時)

単元の学習計画

①小金井市全体の土地の様子について話し合い、学習問題をつくる。
②小金井市全体の様子について調べる計画を立てる。
③~⑦武蔵小金井駅の北側・南側の様子を、実際に歩いてみてつかむ。
⑧~⑬小金井市の様子について話し合い、絵地図にまとめる。(本時)
⑭小金井市の特徴を理解する。
⑮これからも小金井市の水と緑を大切にしていく必要性を考える。

◎本時のねらい

　(社会)「たんけんカード」を基に、分かったことや発見したことを話し合う。
　(研究)友達の考えを引き出しながら話し合うことができる。

◎本時の流れ

(めあて)市内めぐりで見つけたおすすめの場所について、紹介できることを増やそう

1. 前時を振り返り、話し合いの進め方について確認する。

2. おすすめの場所について、ホワイトボードを使いながら話し合う。(3~4人組)

　・1人が話し手、2人が聴き手、1人が書き手の役割に分かれる。
　・「話し手」は、「たんけんカード」を基におすすめする理由を話す。
　・「聴き手」は、オープンクエスチョンを使いながら詳しく聴く。
　・「書き手」は、話し合ったことをできるだけ落とさずキーワードで書く。
　・今回は2人の人が話し手になる。

3. 話し合って再発見したことを付箋に書く。

4. 本時の学習を振り返り、次時の確認をする。

○授業での子供の様子

おすすめの場所や、紹介したい場所を相談するにあたり、教師が作った「話し合いモデル動画」を参考に、聴き手を意識しながら話し合うことを確認しました。

「なるほど、そういう話し合いの仕方をすればいいんだ。」
「自分だったら、どこを紹介したいかな。」

各班で、ホワイトボードを使い、おすすめの場所を話し合いました。ファシリテーターが中心となって話し合いを深めました。

「おすすめの理由は?」
「たとえば、どんな物がありましたか?」
「もう少しくわしく教えてください。」
「ほかにはありませんか?」

～成果と課題～　（○成果　●課題）

○4人グループのうち、聴き手を2人にしたことで、話を聴く側も考える余裕ができた。
○話し合いのモデルを示したことで、言語情報だけでは理解しにくい子供も、話し合いの進め方のイメージを共有することができた。
●オープンクエスチョンの型を意識し過ぎたため、教科のねらいから離れた事柄についての質問が多くなってしまった。

○実践した教師の学び

【教師集団の雰囲気】
　授業の事前検討会では、他学年・専科の教員も参加し、一緒に授業づくりを行うことができた。多様な視点をもつことができた。
【話し合う内容の設定】
　授業では、全員が同じ経験をしているので、話し合う内容が理解しやすかった反面、さらに詳しく聴きたいという意欲があまり見られない子供もいた。自分が知らない内容の方が、質問の意欲が高まったり、質問の内容が深まったりすると考えられる。そのような内容について聴き合う活動も設定していきたい。

○参観した教師の学び

【子供の役割分担】
　話し手を限定したからこそ、子供が自分の意見を聴いてもらえる喜びを感じていた。また、全員が聴き手を経験することで、聴くことの難しさと大切さを実感していた。
【質問の仕方・内容】
　聴き手が質問の型に意識が向きすぎてしまったことで、単調な問いかけが多くなり、内容の深まりや広がりがあまりなかった。質問を重ねることで内容がより深まったり、より広がったりすることを子供が気付けるような活動を考えていきたい。

第4学年 実践

> **目指す児童像**
> 　　相手の考えを理解して、語り合える子供たち

<教師の願い>
　友達の話をしっかりと聴いて受け止め、お互いを認め合ったり、支え合ったりできる仲間に成長してほしい。また、話し合うことの楽しさを実感してほしい。

<児童の実態>
・4月からペア対話を多く取り入れ、ホワイトボードを使用して聴いたことを書けるようになってきた。そして、自分の話したいことを話したり、相手の話を最後まで聴いたりできるようになってきた。ホワイトボードを使った活動を楽しみにしている児童が多い。
・何を話したらよいか分からず、話を深められない児童もいる。

<教材について>
・国語の「新聞を作ろう」の単元では、新聞の特徴を押さえ、その特徴を意識して実際に新聞作りをする。グループの話し合いでは、読み手に分かりやすいような新聞を作るために伝えたい情報の中心を考え、必要な事柄を調べて書き、文章をよりよい表現に書き直したりする活動を行っていく。

● **単元名** 国語：「新聞を作ろう」（第3時/全16時）

単元の学習計画

①新聞の特徴を知る。
②何についての新聞にするか、話し合う。
③新聞に載せる内容を話し合う。(本時)
④新聞の作り方を知る。
⑤取材の仕方について考える。
⑥取材をする。
⑦⑧⑨読み手に伝わるように、書き方を工夫して記事の下書きをする。
⑩⑪⑫見出しを考える。割り付けを考え、記事を読み返す。
⑬⑭新聞を仕上げる。
⑮三年生に新聞を届ける。
⑯学習を振り返る。

◎ **本時のねらい**
〈国語〉どんな新聞を作るか話し合うことができる。
〈研究〉友達の考えを理解するために、ホワイトボードを活用しながら語り合うことができる。

◎ **本時の流れ**

> （めあて）新聞にのせる内容について、オープンクエスチョンを使いながら、話し合おう

1. 新聞を作るまでの手順について確認する。

2. 新聞の内容を話し合って決める。(4~5人組)
（大きなホワイトボードを使用する）

　発散：伝えたい内容
　収束：特に伝えたいこと
　活用：担当者の決定

3. 他のグループのまとめを見て回る。

4. 振り返りカードを書く。

5. 次時の学習活動の見通しをもつ。

○授業での子供の様子

新聞に載せる内容を話し合うにあたり、教師が作ったモデル新聞を参考に、読み手を意識しながら話し合うことを確認しました。

「3年生に、何を伝えようかな～」
「楽しそうだね。」
「早くやりたいな。」

各班で、ホワイトボードを使い、新聞に載せる内容を話し合いました。ファシリテーターが中心となって話し合いを深めました。

「みんなの考えたことを教えてください。」
「たとえば?」
「もう少しくわしく教えてください。」
「ほかには?」

～成果と課題～　（○成果　●課題）

○ミニホワイトボードに自分の考えを書く時間をとることで、グループでの話し合いに積極的に臨むことができていた。また、ファシリテーターが意見を引き出して、肯定的に受け止めていた。

●「話し合う」ことはできていたが、「語り合う」というところまで深めることはできなかった。これからの成長に向けて、経験を積み重ねていく必要がある。

○実践した教師の学び

【ホワイトボードは有効的な手段】

　　グループで話し合い、考えを出し合う学習活動において、ホワイトボードを使用することは、効果的だった。学級の中に、気軽に話したり聴き合えたりする文化を育むことで、学習もさらに深められると考える。

　　しかし、やみくもにホワイトボードを使えばよいわけではなく、その手法を用いることが、子供の学びにどのような意味をもつのかを考える必要があることが分かった。これからも活用方法を吟味し、学習に取り入れていきたい。

○参観した教師の学び

【話し合うから語り合うに高めるために】

　　「語り合う」学級風土を作るためには、まず「聴き合う」力を育てていかなければならない。「話し合う」活動にとどまるのではなく、「語り合う」活動に高めていくためには、オープンクエスチョンを用いて、話を深めていくファシリテーターとしての力を粘り強く育んでいくことが大切であると分かった。

　　まずは、私たち教師自身が、ファシリテーターとなって、経験を積み重ねていきたい。

第5学年実践

目指す児童像
お互いの考えを活かし合い、考えを見つめなおす子供たち

<教師の願い>
　お互いの考えをじっくり聴き合うことで、一人一人が大切にされていることを実感し、居心地のよい関係をつくっていきたい。また、対話することで考えが広がったり、深まったりすることに気付き、楽しさを感じられるようにしたい。

<児童の実態>
・4月からペア・サークル対話、グループでの話し合いに取り組んでいる。自分の考えを恥ずかしがらずに話したり、素直な気持ちを伝えたりすることができるようになってきた。
・サークル対話では、話す児童が決まってきている。

<教材について>
・総合的な学習の時間の目標「(5)自己の生き方を考えることができるようにすること」に則した学習活動である。
・「探求の対話」とは、身近な話題や哲学的なテーマについて子供同士で対話し、考えを深め合うものである。

●単元名　総合的な学習の時間：「探求の対話をしよう」（第1時／全2時）

単元の学習計画

①「学ぶってどういうこと？」をテーマに探求の対話を行う。テーマについての考えと、対話を振り返る。

②前時の対話の中で、更に深めたい問いについて、もう一度、探求の対話を行う。テーマについての自分の考えを振り返り、まとめる。(本時)

◎**本時のねらい**
（総合）自分の生き方を考えることができる。
（研究）友達の考えをじっくり聴いて、自分の考えを見つめなおすことができる。

◎**本時の流れ**
（めあて）友達の考えをじっくり聴いて、自分の考えをもっと深めよう

1.テーマと探求の対話の約束を確認する。
テーマ：「学ぶってどういうこと？」
対話の約束：①友達の話を最後まで聴く。
②何を話しても自由。
③否定しない。

2．ペア対話で、自分の考えを整理する。

3．サークルになり、テーマについて対話をする。

4.テーマについての自分の考えと対話についての振り返りをジャーナルに書く。
振り返り：①今の自分の考え
②対話についての振り返り
観点：友達の考えをよく聴くことができたか。
安心して話をすることができたか。
一生懸命考えることができたか。
自分の考えを話すことできたか。

○授業での子供の様子

安心して考えを話したり、聴いたりすることができるよう、探求の対話の約束を確認しました。

「『否定しないで、最後までしっかり聴く』
『何を話しても自由』
『ゆっくりじっくり考える』ことが大切。」

サークルになり、「学ぶってどういうことだろう?」をテーマに探求の対話を行いました。担任がファシリテーターとなり、キーワードを短冊に書いて視覚化しました。

「学ぶって、新しいものを得るということだと思う。」
「経験すること。失敗しながら、次は同じことをしないようにって、気をつけられる。」

～成果と課題～　（○成果　●課題）

○対話の約束を確認し、日常でもサークル対話の経験を積み重ねてきたことで、友達の考えをじっくり聴こうとする雰囲気づくりができた。
○対話で出てきたキーワードを視覚化したことで、今話し合っていることを明確にすることができ、子供の参加意欲を高めることができた。
●対話をより活性化させるために、途中でペア対話を取り入れたり、発言できていない子供に問いの投げかけをしたりする必要がある。

○実践した教師の学び

【安心して対話できる関係づくり】
　子供がお互いに、自由に考えを話せる関係を構築していくことが哲学対話の土台となる。日頃から、人間関係を「まぜる」ことを意識して活動させたい。

【主体的な学びのための仕掛け】
　本時は、テーマの設定や対話の進行など教師主導で進める部分が多かった。子供と共に問いづくりをし、子供が主体的に学びに向かえる活動にしたい。

○参観した教師の学び

【考えを「深め合う」ために】
　子供の考えを更に深められるよう、私たち教師は、子供が発した言葉の意味を一つ一つ丁寧に受けとめることが必要である。対話の中で問い返しによって思考を揺さぶり、お互いの考えを受け止め、思考を整理していく時間を確保していきたい。

　また、子供たち同士で「なんで?」「例えば?」「他の考えは?」など問いかけをし合えるよう対話の経験を積み重ねたい。

第6学年　実践

目指す児童像
お互いの考えを活かし合い、新しい考えを生み出す子供たち

<教師の願い>
　児童が、自分や学級の友達一人一人を大切にし、お互いの考えを聴き合い、よさを活かし合いながら学びを深められる授業を目指したい。今回の授業を通して、質問づくりの方法、主体的に学ぶ方法を児童が知り、お互いに考えを聴き合い、活かし合うことで、学びが深まったり、課題を解決できたりすることのよさを実感してほしい。

<児童の実態>
・昨年度からホワイトボードを活用した話し合い活動に取り組んでいる。考えを書きながら話し合うことに慣れてきている。また付箋を活用することのよさを実感している様子が見られる。
・児童によっては、自分の考えを積極的に話すことができる一方で、友達の考えを最後までしっかりと聴いて受け止めることに課題がある。

<教材について>
・新学習指導要領において、社会科「武士の政治が始まる」の単元では、学習の問題を追究・解決する活動を通して「源平の戦い、鎌倉幕府の始まり、元との戦いを手掛かりに、武士による政治が始まったことを理解すること」が求められている。

● 単元名　社会：「武士の政治が始まる」（第3時／全7時）

単元の学習計画
① 単元計画や質問づくりのインストラクションを行う。
② 武士の館の想像図から、武士の暮らしについて調べ、調べたことや「質問の焦点」をもとに、個人で質問を考える。
③ 付箋とホワイトボードを活用してグループで質問づくりを行い、自分の質問を設定する。（本時）
④⑤ 各自の質問について、教科書や資料、本やインターネットなどを使って個別の探究学習を行う。
⑥ 各自の質問と調べた内容について、学級全体でプレゼンテーションを行う。
⑦ 学習のまとめを行う。

◎本時のねらい
　（社会）武士の館の想像図や「質問の焦点」をもとに質問づくりを行い、武士が力をもつ世の中について探究していくにあたっての自分の質問を設定することができる。
　（研究）質問づくりを通して、友達と考えを聴き合うことで自分の考えが広がるよさを実感するとともに、学習への意欲をもつことができるようにする。

◎本時の流れ

> （めあて）「質問の焦点」をもとに、よりよい質問を設定しよう

1. 前時を振り返り、質問づくりの進め方について確認する。
　※「質問の焦点」は「武士の政治が始まる」とする。

2. 武士の館の想像図や「質問の焦点」をもとに、質問づくりを行う。

発散	・前時で一人一人が考えた質問（付箋）を出し合う。
収束	・似ている質問を近くに集め、整理して貼り直す。 ・開かれた質問（○）と閉じた質問（△）に分類する。 ・閉じた質問を開いた質問に書き換える。 ・単元を学ぶ中で追究したい質問を班で3つ選ぶ。 ・選んだ理由も説明できるようにする。

3. 選んだ質問と選んだ理由を班ごとに発表する。

4. 各自が探究していく自分の質問を設定する。

5. 本時の活動を振り返り、次時の確認をする。

○授業での子供の様子

質問をカテゴリー毎にまとめたり、閉じた質問を開いた質問に書き換えたりすることで、発散と収束を繰り返しました。

「この質問とこの質問は衣服に関することだからまとめられるね。」
「『刀はいつも必ず持っていたのか。』これは、『なぜ刀を身につけていたのだろうか。』に換えよう。」

各班で選んだ質問とその理由を発表しました。それらを学級全体で共有し、最後は各個人が探究する質問を選びました。

「私たちは、『どのような戦いがあったのだろうか』という質問がいいと思いました。
理由は、武士はいろいろな戦いをしているだろうから、その理由や戦い方を知りたいからです。」

～成果と課題～　（○成果　●課題）

○質問の発散と収束を繰り返すことで、学級の児童全体が質の高い質問（単元を通して探究するだけの価値がある質問）を選ぶことができた。

○考えをもつことが難しい児童も、友達の考えを参考にしながら考えをもつことができた。

●調べ学習に単元の時数を多く費やすことになった。計画的な時数配分が必要である。

○実践した教師の学び

【体験的な理解】
　　社会科の指導事項をしっかりおさえるためには、「質問の焦点」をどのように設定するかということと、質問づくりの際に提示する資料選びが重要であることを、実感をもって理解することができた。

【チャレンジできる職員室の風土】
　　質問づくりについて、他の先生方と考えをめぐらせながら学び、安心して研究授業にチャレンジすることができた。教員同士のあたたかな関係性が重要であると改めて感じた。

○参観した教師の学び

【質問づくりという手法について】
　　児童が意欲的にお互いの考えを活かし合うことができており、有効である。その単元の基礎事項をおさえてからの方が、よりよい質問を考えることができるのではないかと考えられる。

　　各教科のねらいに沿った知識・理解の定着につなげるためには、効果的な資料選択と提示が必要である。教材研究、教材開発の大切さを改めて実感することができた。

私たちが見出したこの研究の価値

　「やってみよう」とみんなが思うことができる、教師も子供も心が温かくなる実践をしたいという想いから始まったこの研究。根底にある教育への想いを語り合い、プロジェクトアドベンチャーなどの研修や授業検討を繰り返すことで、私たちは日常の中で気軽に相談し合い、授業について語り合う関係性に変わっていきました。

　子供たちも、学級ファシリテーションの取組を通して、聴き合う文化を育んできました。お互いの違いを受け入れ、認め合い、対話によって学びを深めている子供たちの姿は、私たち教師が目指してきた学び合う職員室づくりとつながります。

　よりよい校内研究を目指して、悩みながらも、教職員みんなで対話を重ね、試行錯誤しながら創り上げてきた"私たちの校内研究"。一つ一つチャレンジし続けてきたことに、大きな価値があったと感じています。

　この12月7日は私たちにとっての通過点です。これからも「信頼をベースに」、子供たちと共に学び続けていきます。

ご指導いただいた講師の先生

元東京学芸大学教職大学院准教授

一般財団法人軽井沢風越学園設立準備財団副理事長

岩瀬　直樹　先生

研究に携わった教職員

		校長　　永井秀二		副校長　　内海美穂		
1	年	○中村優子	関谷真弓	斉藤勝	○後藤朋子	近藤弘幸
2	年	○島津智子	尾河美紀	下川奈緒美 （清水英夫）	大塚晴子	杉浦公俊
3	年	○佐野進	贄田隼人 （嶋奈月）	酒井めぐみ	倭康子	
4	年	崎浜理枝	○村瀬訓史	立花黎	村井正子	
5	年	◎村上聡恵	高橋耕一	下浅優子	○本田慶介	
6	年	熊義史	平塚知美	○齊藤寛		
専	科	加藤亜矢子	○小野陸朗	○秋山幸子	笠井哲	☆高田有香　　瀬戸志乃

【平成29年度】

田中日香里	高木響子	漆原彩美	屋木望	宮本涼	大島絢子	平野亜希子

【◎印　研究主任　　☆印　研究副主任　　○印　研究部員】

さて、研究発表会後、私はこんな振り返りを書きました。

「信頼をベースにした認め合う学級づくり
　～聴き合い、語り合い、深め合う子供たち、そして私たち教師～」

　２年間、ひたすら駆け抜けてきた校内研究に一区切り。やりきった充実感と終わってしまったさみしさとが入り混じり、なんだかふわふわしている自分がいます。

　この研究の始まりは２年前の夏。校長室での校長先生、高田さん、私の３人でした。「おもしろいことやりたいね。」の立ち話から始まりました。あれから２年半……。たくさんの〝おもしろい〟を届けたいと思ってつくりあげた研究発表会でした。

　公開授業Ⅰ。「研究の成果は？　課題は？」この校内研究のまとめをどう示すのか、私たちの中で度々話題に上がっていました。この時間、私も各教室で行われている授業を少しずつ見て回りました。そして感じたこと。これが成果だな……って。子どもたちも先生方も本当によい顔をしていて、柔らかい空気が流れていました。

　そして私の学級の公開授業Ⅱ。実は１週間前、体育館でやってみたら、ボロボロ……。対話に入り込めない子どもたちの様子に一番慌てたのは私でした。体育館という場、マイクを使用すること……クリアしなければならないことがたくさんあり、この１週間、毎日、子どもたちと一緒に対応策を考えてきました。「僕たち、教室でやるから中継してくれない？」「いや、無理でしょ……」「マイクをたくさん用意して、話す人にマイクを向けてあげる」「それできそう～」などと話し合いを重ね、なんとか落ち着いた形が今回の形。私は体育館に向

かう前の興奮気味の子どもたちに、「なにをするつもりで体育館にいくの？」と問いかけてみました。するとある子が、「ぼくたちは、いい対話を見せにいくわけじゃない。みんなで対話をしにいく！」と答えてくれました。本当に力のある子たち。本番の20分が終わり、子どもたちを見送りながら、「私は、普段、この子たちの力をちゃんと引き出せているのかな……」と思いました。もっともっと力を伸ばせるはず。やれることがあるはず。まだまだだな……と。もう1度、自分たちの学級を子どもたちと共に考えてみよう、そんな気持ちになりました。月曜日、子どもたちがどんな顔で教室に来るのか楽しみです。

「私たちのストーリー」の発表。私たちは何を伝えたいんだろう？　どう伝えれば、研究発表会に来てくださる方に伝わるんだろう？　と、何度も何度も話し合い、何度も何度もつくり直してきました。自分たちの感じていることを率直に語らなければ、この研究の価値は伝わらない。だからこそ、今感じている自分たちの成長も心の中にある葛藤も、10分の動画の中に詰め込みました。見ていただいた方に私たちの思いが伝わっていればうれしいです。

岩瀬先生の講話。話を聞きながら、2年間のあれこれが次々と思い出され、心が揺さぶられ続けていました。岩瀬先生を講師に迎えられたことがどんなに幸せなことだったのかをかみしめながら。研究が停滞した時の話は、思わず涙が……。あの時、みんなの前で自分の思いを語るのに抵抗があった私。先生とのやりとりの中で、「自己開示がないと、研究に乗れない人も気持ちを乗せようがない。」そのやりとりがあり、私は覚悟が決まりました。場を変えたいと思うならば、変わらなければいけなかったのは私だった、私のあり方を変えなければ……と気づかされたあの日のことは、ずっと心に残っています。そして、ずっと忘れることはないと思います。

ワールドカフェ。約500人もの人と対話を通じて学び合う機会なんてそうそうない。参加者の皆さんが楽しそうに語り合っている場を見て、

純粋にうれしかったです。私たちが思い描いた通りの風景。ジーンとしました。高田さんの柔らかいファシリテーションはすごく素敵。高田さんのファシリテーションだからこそ、こういう場になるんだろうなと思いながら、どんどん書き込まれるホワイトボードを見ていました。2人で一緒に研究発表会をデザインできて本当に楽しかったです。何度も何度もシミュレーションしてきました。問いもとことん考え抜きました。1人では絶対にできないことを2人だからこそできた！　そんな感じです。高田さんのポジティブなあり方に私はいつも助けられてきました。

　大熊教育長の講話。みんなでさらなる高みを目指していく「アタック思考」をもつ必要があること。私たちが "当たり前" と考えていることは "当たり前" ではない。「枠組みを外し」、そもそもを問い直していくことが必要だということ。私たちの研究はチャレンジでした。今までの枠の中に納まっているだけでなく、もっと柔軟に考え方や方法を変えていったらおもしろいことができるのでは？　というメッセージを込めてつくってきた感じです。「アタック思考」をすること、「枠組みを外す」ことで、教育をもっともっとよくすることができる。そんな勇気をいただいたお話でした。「アタック思考」し続けます！　そして、怖がらず「枠組みを外す」ことも。大熊先生、ありがとうございました。

　私が三小で研究主任をやりたいと思ったのは、東京学芸大学教職大学院での1年があったからです。対話によって学びを深める楽しさを知った1年でした。あれから4年。いつかこんな校内研究ができたらな……、みんなで対話しながら楽しく学び合える職員室をつくりたい……、その時淡く考えていたことが形になりました。

　2年前、「おもしろいことやろう。そして、それを発信しよう」と、温かくチャレンジを見守ってくれた永井校長先生、「自分も教員時代にこういう研究をやりたかった」と言っていただき、運営面を全面的に支えてくれた内海副校長先生。素敵な管理職に恵まれ、私はものすごく幸せでした。

　私の思いを受け止め、助けてくれた研究部のメンバー。7月、この研究で私たちは何を目指すのか、熱く熱く語り合ったあの日のことを私はずっと忘れません。あの日がなければ、こんなに晴れやかな思いで12月7日を迎えられなかったと思っています。本当に感謝！！

　いつも前向きに明るく学び合った「私たち教師」（先生方）。私たちのための私たちでつくる校内研究。この2年間、本当に楽しかったです。「終わりが始まり……」ですね。これからも一緒に学び続けていきましょう。

　また、この研究発表会は、主事さん方のバックアップがなければ、できませんでした。いつもいつも温かく声をかけていただき、本当にありがとうございます。

　当日、音響のみならず、運営・進行をお手伝いいただいた三小おやじの会の皆さん。大変お世話になりました。これからも一緒に子どもたちの育ちを考えていきたいです。よろしくお願いします！

　ワールドカフェのホストをしていただいた東京学芸大学教職大学院学卒院生の皆さん、市内、市外からお越しいただいた参加者の皆さん。楽しい学びの場を一緒につくっていただき、ありがとうございました。

　そして、2年間校内研究の伴走をしていただいた岩瀬先生。本当にお世話になりました。贅沢な贅沢な2年間でした。人を支える、成長を見守る、組織をつくるってこういうことなのだと、先生のあり方を見て、学ばせていただきました。もっともっと学ばせてもらいたい！　ここで一区切りではありますが、これからも私たちの成長を見守っていただけるとうれしいです。これまでありがとうございました。

　ひとまずここまで……。

　研究発表会後、私たちは職員旅行に出発しました。研究発表会前の忙しい時に、6年生の担任の熊義史さんが企画、準備してくれていたのです。みんなでゆっくりと温泉に浸かり、楽しく食事をしました。夜、こ

れまでの思い出を語り、参加者の皆さんが書いてくれたアンケートを読み合い、校内研究を振り返りました。

「あぁ……、本当に終わったんだね。」

と言いながらお互いに、充実感をかみしめる時間でした。

　研究発表会後、ゆっくりとお礼を伝える時間がなかったので、岩瀬先生には、メッセンジャーでお礼を……。

（私）終わってしまいました……。

思い描いていたすべてが実現し、夢のような１日でした。

岩瀬先生、これまで本当にありがとうございました。

（岩瀬先生）皆さんにとって素敵な素敵な１日だったのだろうなぁ！

本当におつかれさまでした！

【参加してくださった方のアンケート】

　本日は研究発表、ありがとうございました。素晴らしい発表・実践、そしてこれからを見ることができて、改めて『信頼ベース』のもつ力を感じました。自分の職場もすぐには変わりませんが、まずは折り紙[66]に書いた「一歩」を実行し、今回の発表にあった〝よい組織＝学校＝学級〟を小金井三小だけでなく、たくさんの職場で実現していきたいと強く思いました。お疲れさまでした。

「学び手感覚」これは、今後の授業づくりに必要な感覚だと思いました。聴き合い、語り合い、深め合う学校づくり、学級づくり、職員室づくり

---

*66　村上：当日のワールドカフェの最後の問いは、「理想的な学ぶ場をつくるために、明日からやってみようと思うことは？」でした。それぞれの職場でやってみようと思うことを折り紙に書いていただきました。

を目指し、自分ができることをやっていきたいと思いました。とても温かい学校が公立学校でもできるということを実証していただき、ありがとうございました。

　教師が自ら学び続けることが、子どもの自主的な学びにつながる。そのためには、職員室から変えていくという素晴らしい取組を見させていただきました。何より、楽しいことをやろう！　やりたいことをやろう！　それを認め合おう！　そんな学校をつくっていきたいと感じました。参加させていただき、本当によかったです！

　本当に素晴らしい発表だったと思います。公立の学校でここまでできるのかと希望に胸が熱くなりました。先生方のチームワークも素晴らしく、自分の学校の職員室につなげたいです。ありがとうございました。

　どの授業からも先生方が研究を通して変化し続けてきたプロセスを感じました。試行錯誤しながら、今日まで変化を重ねてきた軌跡に感動しました。学校って変わるのだと実感しました。素敵な学びの場をありがとうございました。

　昨年度からの研究が大きな形になっているのを実感しました。先生方が目指していたものがちゃんと子どもたちにも伝わって、お互いを大事にしながら聴き合う姿を見ていて、温かい気持ちになりました。異動してみて、三小の職員室の温かさ、校内研究の楽しさをしみじみと感じます。参観されていた先生がポツリと「三小の先生は穴がないなぁ。どのクラスもよかったんだけど……」と話しているのが聞こえて、うれしくなりました！！　お疲れさまでした。

　"こころが揺さぶられる"研究発表会でした。参加者の熱気、対話の深

まりは学校が変わっていけることを感じさせてくれるものでした。ここで感じたこと、学んだことを各々が職場に持ち帰り、職員室が変わっていけたら……ということを想像するとワクワクしてきました。素晴らしい、素敵な研究発表会に来ることができて幸せです。こんなにも心を温めてもらえる研究発表会、本当にすごい！　私もいつかこんな校内研究ができたらいいなと心から思います。

高田さんの振り返り③
創る喜び

　研究発表会までの日々は、細かな準備やパワポづくりやら、正直よく思い出せません。この感覚、初めての子育てと同じ感じ。その時は必死で、後から思い出そうとしても思い出せない。でも覚えているのは、その時、大変だったけど、ワクワクして楽しかったということ。どう私たちのプロセスを伝えるのか、私たちが伝えたいことは何なのか、来ていただいた方たちにどんな思いで帰ってほしいのか。とことん話し、つくりだしていく。授業で新しいことにチャレンジできた実感が薄かった私にとって、研究発表会に向けてのつくりあげていくプロセスは最高に楽しい時間でした。直前まで、村上先生とパワポを修正し、夜中の11時過ぎに真っ暗な学校を後にした日も、とても大変だったけど何とも言えない気持ちいい疲労感があったのを覚えています。

「終わりじゃなく始まり」という言葉で私たちの研究発表は終わりました。その言葉の通り、発表後に読書会をしたり、異学年の取組を始める学年があったり……そんな様子をみていた私は、この頃辺りから来年に向けて考えるようになりました。

　私も実践者として、学級の子どもたちとチャレンジしたい。
10年ぶりに学級担任に戻ることに怖さもある。家庭科専科と特別支援コーディネーターという立場のほうが学校のために自分の役割を果たせる

こともわかっている。でもチャレンジしたい。村上先生や若手がチャレンジして感じていることを伝え聞いて感じるのではなく、実感として感じたい。残り2年間、チャレンジする自分・学び続ける自分でありたい。そんな思いを校長に面談で伝えました。

高田有香

2018年12月　研究2年目
研究発表会後の振り返りの会

　研究発表会の余韻が残る中、校内では次のスタートに向けて動き出そうという雰囲気がありました。その頃の私たちの合言葉は、「終わりが始まり」。研究発表会は、私たちにとって一区切りではあるけれど、そこがゴールではない。さらに前に進みたい。みんな、そんな気持ちでいたのだと思います。私も先生たちと一緒にまた少しずつ新たなチャレンジをしていきたいと考えていました。

　研究発表会を終え、2週間が経った頃、改めてこれまでの校内研究をみんなで振り返ることにしました。

　先生方1人1人にとって、この校内研究はどんな価値があったのか、どんなことを学ぶことができたのか、聴き合い、語り合いたいと考えたのです。

　1学期の最後に佐野さんが話してくれた言葉、「統一ではなく共有」。1人1人のハーベストをみんなで共有する時間をつくろう。そこで私が考えたこの会のプログラムは、

　①研究発表会を思い出すミニ対話

　②ワールドカフェ

　③ホワイトボードを見ながら、ギャラリーウォーク

　④今の思いを1人ずつ書く

というもの。

　この振り返りの会は、これまで研究授業後にやってきたラウンドスタ
ディとは雰囲気が違い、みんなしっとりと自分の思いを語っていました。
そして、それをじっくりとお互いに聴き合いました。この会が終わった
後、ある先生は、

「これまでのことと、これからのことを改めてゆっくり考えた。」

と話していました。私たちのこれまでとこれから……。先のことが具
体的に見えているわけではなかったけれど、まだまだ道は続いているこ
とを私たちは感じていた。そして、その先に踏み出そうという思いを新
たにした振り返りの会となりました。

　その日、私は先生方の書いた振り返りを読ませてもらいました。読み
終わると、何とも言えない充実感が私の中に……。「終わりが始まり」。
たくさんの先生たちがそう考えていることが伝わってきたからです。

【先生方の振り返り】

**（問い１）研究発表会を終えて、これからの自分に活かしていきたいこ
　　　　　とは？**

**（問い２）もっとよい職員室、もっとよい学校にするためにあなたがや
　　　　　っていきたいことは？**

○近藤さん

（問い１）

・今後もサークル対話、PA は続けていきたい。

・自分がファシリテーターとしての力をもっとつけたい。

・「答えを与える人」から「問う人」へ

・困った時に、気軽に聞いたり、話し合ったりできる学級を目指したい
　が、ただ人まかせにするのではなく、「できることは自分でやろう」
　という自立した子どもを育てたい。

・学ぶことをやめない。学びを楽しむ。

（問い2）

・雑談やコミュニケーションの量を増やしたい。そのためには「話しかけやすい自分」でいること。ユーモアを大切に。自分の弱みや困っていることをオープンにしたい。

・自然と話がはずむ場をつくりたい。（ちょっとした工夫でできるはず。）

・職員会議を盛り上げることはできないか？　「ねむい」「つまらない」会議をどうにかしたい。

・お互いほめ言葉

・感謝の言葉が飛び交う学校、職員間、保護者も。

○下浅さん

（問い1）

　自分が体験した今までの校内研究は、研究発表のための研究でその日が終わったら消えてしまうことが多かったけど、今の研究はもっともっと勉強して深めていきたいという気持ちが強いです。この研究で気づいた「教師の在り方」「職員室と教室とのつながり」「子どもの力を信じて伸ばすこと」を忘れずに教師の仕事をしていきたいと思います。

　最近すごく感じるのは「子どもは大人の鏡」で私が他の先生たちと密にコミュニケーションをとれていなかったら、教室でどんな子どもたちに「友だちとたくさん対話しよう・考えを広げよう」と言っても出来ないということです。子どもに身につけたい力は、自分自身も謙虚に意識して取り組まないといけないなと思っています。

（問い2）

　まずは、どんどん自己開示をすることです。自分が思っていること、悩んでいる子のこと、教室内の出来事、プライベートのこと、ささいなことも心を開いて話せるようにがんばりたいです。

　あとは、他の先生方ともっともっとコミュニケーションをとって指導

法を共有したり、子どもの様子を相談したりできるようにしたいです。

〇村瀬さん

（問い1）

　バーナードのように、3つの要素*67を大切にしていく。特にコミュニケーション。日頃から話をしていないと子どもは本当に困った時に話してくれない。困った時に「困っている」「助けて」「聞いて」と言えるようにしていきたい。だからこそ、もっと自分の話をして、相手の話を聞き、話が苦手な子には一緒に遊び……の繰り返しが必要。

　子どもが「楽しい」「行きたい」「会いたい」と言ってくれるそんな人になりたいと思う。時間は有限だが、その中でもっと子どもたちの顔を見ていきたい。そうしたことを今回の研究を通じて学び、これからに活かしていきたいと思う。

（問い2）

　風通しをよくする。そのために話をする、教えられることは教える、聞かれたら行動する（口だけではなく、ついていてあげるなど……）の3つに加え、授業公開をしていこうと思う。

　「いつ来てもいいよ」「5分でもいいよ」という雰囲気をまずは自分から出していこうと思う。そして、それを学校全体に広げていくことで教師同士の関わりも深くなっていくと思います。がんばります。

〇中村さん

（問い1）

　話の量を保障し、機会を増やしていきたい。研究発表のために模索しながらも「みんなやってることだから……」と今年はやってこれた。来

---

*67　アメリカの経営学者チェスター・バーナードが定義した組織が成立するために必要な3つの条件のことで、「共通目的」「協働意思」「コミュニケーション」の3つ。

年もこの体制、この共有意識……観念？……を続けていきたい。

　わからない中でやってきたペアトークやサークル対話が確実に子どもたちの間の距離を縮め、どんな子も仲間として受け入れる意識が生まれていると感じている。思えば、ずっとわかっていたはず。話をすれば相手がわかる。距離も付き合い方も許し方も受け入れ方も。仲間をつくるために何となくやってきたこと。価値づけをし、意識的に行ってきたことで子どもたちの成長も、集団の成長も見えてきた。

（問い2）

　声をかけていくこと、話をきくこと、軽い冗談を言い合えること。仲よしごっこじゃない、困り感を感じとり、受けとり、「何にもしてあげられないから……。（目をそらす）」ではなく、「何もできないかもしれないけど……（心はよせている）」を知らせたい。もちろん、自分が役に立てることであれば、協力は惜しまない。軽い笑いは心を軽くする、苦しい思いをフッと吐き出す雰囲気をつくることができる。話しても吐き出しても、どうにもならないかもしれないけれど、いっしょにいてくれる人たちがいることは救いであり力である。教員どうしでも、子どもどうしでも。

○村井さん

（問い1）

　教室では、信頼ベースの学級をつくるため、色々な活動を子どもたちの力で企画・運営し、その結果から成長を実感できるようにしたい。職員室では、今までと変わらず珍しい食べ物があったら、持ってきますネ！！

（問2）

　笑いのある職員室をつくる。そこでは、困っていることも話せて、いざという時（教室に戻った時に事件があれば）助けてもらったり、助けてあげられたりできると信頼関係が育つと思います。そのためには、職

員室に戻って来られる時間的・精神的なゆとりが必要となってくるので、「亀の甲より年の功」といわれるような動きをしたいです。（日々の教育活動や、物事の説明などの時、質問します。）

〇高田さん
（問い１）
　これからの自分。きっと立場も役割も変わっていくと思うけど、今回の温かい職員室をつくりあげていくプロセスを続けていきたい。あとは、学び手になるということ。１人の大人として学び続けていくために、やっぱりチャレンジしていくことかなぁ。ということは、自分の立場にも変化が必要かなぁ。
（問い２）
「もっとよくって言われても、今けっこういい感じだしなぁ」と思いながら対話していて。若手から「困った」とか、「助けてって申し訳なくてまだ言えないかも」って言葉。あぁ、まだ遠慮なく言える場ではないんだなぁと改めて知った。自分の学級の子が迷惑かけちゃうというのが理由。この垣根をもっと低くしてあげたい。自分の学級だけでなく、三小の子ども達という目で職員みんなが関われるように。そのために、私は、若手に「最近どう？」って声かけていってあげたい。悩みも喜びも共有していけるように。
　あ、今まで村上先生のそばでしてきたことを、若手にもしていけばいいのかも。時には専科として。時には、コーディネーターとして。時には、１人の大人として。

　さて、あの時書けなかった問いに私も答えてみようと思います。

〇村上
（問い１）

①変わり続けること

　教職大学院からの4年間で、私はこんなに変われる人だったんだと思いました。そして、変わることって、楽しくて、うれしくて、ちょっぴり自分が誇らしく思えることなんだと知りました。これからも適度に人を頼りつつ、前向きに変わっていければいいなぁ。

②人を大事にすること

　自分1人でできることなんてほんの僅か。誰かと一緒にやれたからできたこと、みんなでやったから生み出せたことがたくさんあった2年間でした。共につくる喜びを知ったからこそ、これからも、人とのつながりを大事にしていきたい。これまで、私を支えてくれたたくさんの方々に、本当に感謝……。

（問い2）

　これからも一緒にチャレンジを続けていくこと。失敗しているところもどんどん見てもらおう。怖がらずにチャレンジする文化を大切にしていきたいし、伝えていきたい。

　あとは、いつまでも楽しく学んでいる姿を見せていきたいなぁ。それは職員室でも。子どもたちの前でも……。

　研究発表会を終え、一区切りをつけた私たちは、第2ステージへ……。「終わりが始まり」でしたから。

2019年1月　研究2年目
『インクルーシブ教育を通常学級で実践するってどういうこと?』本との出合い

　研究発表会を終えた後、私はたくさんの方から「三小はこれからが勝負だね！　期待しているよ。」という声をかけられていました。研究発

表会に向けて突っ走ってきたわけではないけれど、よく考えてみると、その先のことは何も考えていませんでした。さて、私たちは次、何をしていこう……。「終わりが始まり」とは言っていましたが、具体的なことは何も決まっていないし、イメージもできていませんでした。

その頃の私は、無事に研究発表会を終えてホッとした気持ちと共に、今度は自分の実践をもっと高めていきたいという思いがありました。研究発表会の1週間前に感じた"全然できていない自分""変わらなきゃいけない自分"。子どもたちの力を信じきることができていなかったことに対するなんともいえない悔しさ。3学期こそ、じっくりと子どもたちと向き合い、教室での実践にもっと心を傾けていこうと考えていました。

冬休みに入り、この校内研究の振り返りを少しずつ書き始めた頃、岩瀬先生から新しく出版される本を送っていただきました。岩瀬先生の教室の動画を見た時に湧いてきた「何これ？」という感情はすでになかったけれど、実践については表面的なことしか知らずにいた私。どんな本なのだろう……と読み始めてみると、グイグイ引き込まれていきました。一気に読み終わった後、何とも言えない気持ちになり、すぐに感想を書いて岩瀬先生に送りました。

（私）ありがとうございました。本、届きました。そして、一気に読みきりました！　すぐには言葉が出なかったです。読み終えて……。岩瀬先生の実践は、際限ない子ども1人1人への愛情から生まれているのだと感じました。そして、おこがましいけれど、悔しくなりました……。私、ここまで子どもたちのこと愛せてないなって……。

そして、もう1度ゆっくりと読み、こんなメッセージを送りました。

岩瀬先生
　改めまして、本を送っていただきありがとうございました。

　届いてすぐに1度目を読み、そして、もう1度ゆっくりと読ませてい
ただきました。

　岩瀬先生のすべての本を読んできたわけではないですが（すみませ
ん。）、少なくとも私が今まで読んできた岩瀬先生の本とは違う……と思
いました。岩瀬先生の教師観、子ども観がものすごく色濃く出ていて引
き付けられました。私、この本、大好きです！！

　岩瀬先生の1つ1つの実践は、色々な本や映像でわかっていたつもり
ですが、その実践の背景にはどんな思いが流れていて、どんなプロセス
を踏んできたのか、前からすごく興味はあったけれどあまり知りません
でした。青山先生が書かれている「技術的側面」については特に。なぜ、
岩瀬先生はこういう実践に取り組んできたのか。子どもたちとどうやっ
てつくってきたのか。この実践の裏でどんなことが起こっていたのか、
などなど……。

　そんな中でこの本を読ませていただいて、岩瀬先生の実践の〝ここは
私もなにかできそう……〟と思えていたものが、読み終えた後は、実は
とっても遠いところにあって、簡単には手が届かないなぁという感じが
してしまいました。それは、読み終えてすぐに送った感想にも書きまし
たが、岩瀬先生の実践の背景には、ものすごく深いところで1人1人の
子どもへの愛情があり、それぞれの子どもへの細やかな対応があってこ
その実践なのだとわかったからです。例えば、ユウキさんの教室リフォ
ームプロジェクトの場面やトモミさんの読み聞かせの場面。集団の中で
どうやって1人の子を光らせてあげられるか、その場面をどこでどのよ
うにつくっていくか、ここまでやりきるんだ……。

　実践云々ではなく、私だって、これまで1人1人の子どもを大切にし
よう、いつも温かく寄り添う人でありたいと思ってきたし、またそうし
てきたつもりになっていました。でも、読み終えた後、まだまだ全然で
しょ……と突き付けられた気がしました。だから正直、悔しい……とな
りました。

そして、やっぱり気になったのは、p137に書かれていた「学びの個別化」の部分です。実際に、実践を見たいと思いました。どんなふうに自分で学習計画を立てていくのか、その時、教師はどんな役割を果たしているのか。子どもたちの学習はどんなふうに進められていくのか。子ども同士の関係性は学びにどう影響しているのか。教師はその学びにどうやって関わっていくのか……。知りたいことばかりです。実践を見てみることからだなぁと思いました。じっくり、じっくり見てみたい……。

　実践を見せてください！　映像ではなく、その空気を感じてみたいです。

　さて、なぜ私は「学びの個別化」に興味があるのだろうと思い、考えてみました。理論的な部分に魅力を感じていることは頭の中の話で、私の根っこは特別支援教育にあるからなのかなと改めて思いました。私は大学時代、障害児教育を学んでいました。障害児教育学科には、休日、自閉症の子どもたちと一緒に出かけたり、夏・冬休みは山登りやスキーの合宿に行ったりするサークルがあり、私は大学時代、どっぷりと自閉症の子どもたちと関わってきました。子どもたちは当たり前だけど、パニックの起こし方も、楽しめるつぼも１人１人全然違っていて、その子たちと楽しめる方法をあれこれ試しながら見つけていました。その子の力を引き出す、その子にあった遊びは何だろうと考える時間は本当に楽しくて、どんどんはまっていきました。

　そして、初任校は房総にある渋谷区の健康学園。健康に課題がある子たちが、親元を離れて生活している学校でした。個性豊かな子どもたちと生活を共にした３年間。通常学級で傷を負ってきた子どもたちも多かったので、どうしたらその子のモチベーションを上げられるか、初任者なりに一生懸命に考えていました。１人１人に焦点を当てるって当たり前のことで、逆にそうしないと学習も生活も成り立たなかったのです。

　でもその後、通常学級にきて、集団を見る目を育てることを言われ続けてきました。集団をどう動かすかに重きを置くようになり、子どもたちを束で見ることが当たり前になっていた自分。原点回帰が必要なのか

もしれません。もう1回、子ども1人1人の違いを楽しみ、その違いを愛せる自分になれたら……。なりたいなぁ……。それが本当に私のやりたいことなのかもしれない。

　最後に校内研究の視点から。これまで校内研究の中で色々やってきましたが、それは学級をどうするかの視点にとどまっていました。「個のレベルで積み重ねた体験がその学級の文化になる」。次はそこに進めるといいなと思いつつ、私たちの研究なのでこれからみんなで相談しながら決めていきます。

　対談っていいですね。すごくおもしろかったです。

　やっぱり、私、この本、大好きです！！

　そして、またまた、学ばせていただき感謝。

　どうもありがとうございました。

2018年12月31日

村上聡恵

　この本との出合いは、私のこれまでの教師としての歩みを振り返らせてくれました。そして、これからの "私" を考えさせてくれました。もっともっと変わっていきたいという私の思いと「学びの個別化」の実践を結び付けてくれたのが、この本だったのです。

2019年1月　研究2年目
読書会と「異学年の学び」

　1月9日。新学期が始まり、2日目。予定にあった会議が延期となり、放課後フリーとなったことに、気がつきました。学びの個別化の実践に興味をもった私は、冬休み中に高田さんと相談。まずは興味のある人で集まり、『教育の力』（苫野一徳著、講談社、2014年）の読書会から始めてみようということになりました。みんな参加してくれるかな……とい

うことを思いつつ、あれこれ考えないで、とにかく始めてみようと思い、
「『教育の力』の読書会を開こうと思うので参加したいかたどうぞ！」
と職員夕会で声をかけました。

　当日の連絡でしたので、きっと集まってくれるのは学年の先生と高田
さんぐらいかなぁと思っていましたが、13人も参加してくれました。な
んだか、すごいことが起こっているなぁと思ったことを覚えています。
学期始めの忙しい時期。読書会どころじゃないと言われてもしょうがな
いと思っていたぐらいなのに、みんな、こんなにも学ぼうと思っている
のだ……と、驚きました。

　初回は、「はじめに」と「序章」を読むことにしました。私は、先生方
が気軽に参加できる読書会の方法がないかと、冬休み中に調べていまし
た。インターネットで検索をすると、「8分間読書会[*68]」というものが
あることを発見。それを私なりに少し変えて、8分読む、8分語る、8
分問いを考えて決める、8分問いについて語る（参加者シャッフル）、8
分振り返りというような流れにして、やってみようと考えていました。

　13人の先生と一緒に初めての読
書会をスタート。お菓子をつまみ、
お茶を飲みながら、思いつくまま
にあれこれと、みんなで語り合い
ました。「ここおもしろい！」「こ
れってどういうことなんだろ
う？」と。みんな同じ文章を読ん

でいるのに、気になる箇所は様々。色々な切り口から対話が始まるので
す。話していくうちに、どんどんと考えが広がる感じがしました。読書
会後、私から、

---

*68　村上：青木将幸さんのHPに掲載されていた『「8分読書会」の進め方』を見て、
　　行いました。www.aokiworks.net/diary131120.html 参照。

「これ、続けたいんだけど……。」

と提案すると、参加してくれた先生方はみんな、

「おもしろかったから、やりたい。」

と言ってくれました。こんなふうに職員室で気軽に読書会を開けるようになるなんて、2年前は思ってもみなかったことです。改めて、私たちは変わったんだなぁということを実感するひとときでした。

実践してみたいと思うようになった「学びの個別化」。もしかしたら、またみんなと一緒に進むことができるかもしれないなぁと、うれしくもなりました。

読書会後、しばらくすると島津さんを含めた低学年の先生たちが教室から職員室に戻ってきました。

「今日の読書会の資料です。こんなこと話しました。」

と資料を渡しました。来年度に向けて、これから校内研究をどのように進めていくかについても自然と話題になり、島津さんとはそのうちに、オランダの教育の話や、イエナプランの話になりました。島津さんは1年前、オランダの学校を訪問していました。その時の写真を見せてくれながら、見学した学校や授業について話してくれました。オランダの学校では、個を大事にした教育が基本。子どもたちは教室の中で自由に自分の学びを進めていたことを話してくれたのです。

実は冬休み中、私は島津さんとLINEでやりとりをしていました。校内研究について、また、これからの私たちについて話している中で、

「これまでの三小の校内研究では、自分のやりたいことが全然やれなかった。」

と、私に気持ちを伝えてくれました。その言葉は、私の中でとても大きく響いていた。三小でやってきた校内研究は、島津さんがやりたいと思えるものではなかったことを私は十分にわかっていました。それでも島津さんは、研究発表会前の教職大学院の授業に来て、違和感を正直に話してくれたり、「わたしたちのストーリー」の動画も一緒につくって

くれたりしていたのです。島津さんの言葉を聞いて、私は、このままではいけない気がしていました。

　2人でオランダの教育の話をしているうちに、私たちで何か新しいチャレンジをしたいな……という気持ちが湧いてきました。島津さんと一緒だからこそ、できることがあるのではないかなと思ったのです。直感的に。そう思い始めると楽しくなってきて、2人で色々な可能性を探りました。何ができるだろう……？　と。

　そのうちに、2年生の島津さんのクラスと5年生の私のクラスの子どもたちで、一緒に「異学年の学び」をやってみたらどうなるだろうということになりました。2人のチャレンジはここから始まったのです。

　私たちはすぐに、どんな形で進めればよいかの相談をしました。クラスの子どもたちを半々に分けて、それぞれの課題を持ち寄り、わからなかったり聞きたくなったりしたら聞く、聞かれたら教えるということだけを子どもたちに伝えてやってみよう。とにかく、まずはやってみる。子どもたちの中で起こることを私たちはよくよく見てみよう。そこから次にやるべきことが浮かび上がってくるはず。また、私たちの新たなチャレンジを校内研究会で提案したい。そんなことまで、2人で作戦会議をしました。

　三小での「異学年の学び」は、このように島津さんと私の"コラボ"からスタートしたのでした。こんなに早く、一緒に実践できる仲間ができたこと、また一歩踏み出すことができたこと、すごいことだなぁと、今でも思います。私はひたすらワクワク！　3学期もまだまだ私たちの冒険は続いていくんだ……と。

2019年1月　研究2年目
新たなチャレンジが生まれはじめる

　3学期の私の教室でのチャレンジは、子どもたちとしっかり向き合い、

一緒に学びをつくっていくこと。
学級ではまず、「自立学習*69」の
時間を始めてみることにしました。
1人でしっかり学習する時間だけ
れど、わからなかったり、困った
りしたことがあったら、友達や私
に助けを求めながら学習を進める
こと。自分から「教えて」や「助
けて」が言えることが「自立」だ
ということも子どもたちと一緒に話し合いました。

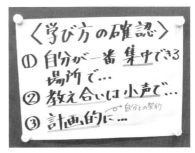

自分で学習する場所を選ぶ。1人を選ぶ子、グループで学ぶ子等、それぞれ。その日によって違う子もいる。

　子どもたちはこの時間のことをいつの間にか「自分の時間」と呼ぶように
なりました。1人1人学ぶペースが違う、学びやすい場や方法も違
う。だからこそ、自分に合った学び方でしっかりと学ぶ時間。自分でや
りたいことを決めて学ぶ時間。子どもたちはこの学び方を繰り返してい
くうちに、「自分の時間」だと感じるようになったのでしょう。

　私の教室では、2学期までも、社会はABD（アクティブ・ブック・
ダイアログ®*70）の手法を使って学習を進めたり、国語でもKP法を用
いて1人1人自分の考えをまとめる活動を取り入れたりしていたので、
子どもたちは自分で学ぶとか、お互いに学び合うという感覚はなんとな

---

*69　村上：「インクルーシブ」の本（前掲『インクルーシブ教育を通常学級で実践す
　　るってどういうこと？』のこと）に書かれている自立チャレンジタイムを参考にして
　　進めました。時数は、必ずやらなければいけないことに費やされる時間が何時間分か
　　を毎週、計算しました。例えば社会のまとめに2時間、国語の漢字に15分と物語文の
　　並行読書の感想をまとめるのに30分で1時間。この週は、社会2時間分、国語1時間
　　分で合計3時間分の「自立学習」を設定するということになります。
*70　竹ノ内壮太郎（三和研磨工業代表取締役社長）が協同学習の手法の1つである
　　「ジグソー法」にヒントを得て開発した読書法。1冊の本を分担して読み、発表、対
　　話、共有といったプロセスを経ることで、本の内容の深い理解を得る。詳しくは、
　　HP（http：//www.abd-abd.com/）を参照のこと。

くつかめていたようでした。3学
期からの「自分の時間」はそのよ
うな学び方をもう少し広げる……
というように捉えていた子が多か
ったように思います。子どもたち
からは、

手前の子は、社会科のプレゼンの準備、奥の
子は、漢字テストの練習をしている。

「週に何回かある自分の時間の中
で、やる順番を自分で決めていい
ってことだよね？　なんか、やりやすそう！」

　という反応が返ってきました。

　始めてみると、まだみんなが学び浸るという感じではなかったけれど、
子どもたちなりに学びを進めている様子。社会のまとめをしている子、
計算ドリルを進める子、漢字の練習をしている子、読書をする子……。
それぞれ、自分で決めて、自分で学んでいました。もともと座席はアイ
ランド型だったので、グループの中で聞き合ったり、教え合ったりする
姿もわりと自然。これまで「信頼ベース」の校内研究を進めてきた成果
だったのかもしれません。

　その時の私は、なかなかよい感じにスタートできたと捉えていました
が、今から考えると、私の"子どもたち1人1人の学びを見取る目"が、
まだまだだったから、こんなふうに感じたのではないかと思います。き
っと、学べていなかった子も、戸惑っていた子もいたはずです。1人1
人の学びを見取っていくということはどういうことなのか……、今も毎
日悩んでいるところですが、始めたばかりの頃は「個」を見るよりも、
学級全体をフワッと見ていたような気がします。

　子どもたちに、

「やってみてどうだった？」

　と聞くと、

「学童ってこんな感じだったよ。こういう時間があったほうがいい。」

という声が返ってきました。

　さて、その時間の私はというと、「一斉に教える」ということを手放した途端、私は何をすればよいのだろう……という気持ちになりました。子どもたちに何か聞かれれば教える。でもそれ以外の時間は……？　という状態。そして、どこか後ろめたさも感じていました。授業は教えなければいけないものという考え方が染みついていたからかもしれません。子どもたちの様子を見ながら、私はこれでいいのかな？　と思い、時間を過ごしていました。

　のちに、学年全体で「自立学習」を始めるようになり、この時間の教師の役割は何かということについて、担任4人で話すことがありました。もちろん、この時間は子どもたちが自分で学ぶ時間ではあるけれど、私たちは、子ども

算数の問題集のわからないところを教え合い。

社会科の調べ学習中。

国語辞典を読んでいる。

たちを放任するわけではない。「1人1人」をしっかり見て、「1人1人」に教える時間なのだということを確認しました。そんな話をしてから、私は、"子どもたち1人1人の学び"により意識が向くようになった気がします。

　その後、「自分の時間」を何回か経験した子どもたちに、「自分の時間をもっとよくするためにどうすればいい？」

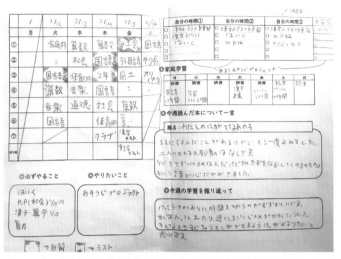

1週間に2〜4時間は自分の時間がある。上の写真の週は3時間が自分の時間。
その内1時間は異学年の学びの時間。

　と聞いてみました。すると、ある子のジャーナルに、「計画表をつくったらいいと思う。」と書いてあったのです。そこで翌週から「計画表づくり」*71も始めることにしました。子どもたちと一緒に相談をしながらつくろうと思い、試作したものをそれぞれのグループに配りました。
　「今の段階でもっと使いやすくするにはどこを直したらいいかみんなで相談して、赤で記入してみて。」
　と投げかけてみました。すると、本当にたくさんの指摘が……。みんなで相談しながら、様々なアイデアを書き込んでくれました。持ち物の欄を入れてほしい。読書記録の欄は感想を書くところがもっと広いほうがいいなどなど……。このように、私も子どもたちも一緒に試行。私自

＊71　村上：1週間の計画を月曜日に立てます。見通しをもち、自分で決めて、自分で進める力をつけていくことを大切にしています。1週間ごとの振り返りと、子どもたち同士の相互コーチングによって、学びの質を上げることを子どもたちは意識するようになってきました。

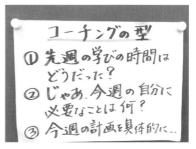

計画表が作成できたら、相互コーチングを行う。グループでコーチングの型を見ながらお互いの学びの予定を確認。1回目は子どもたち1人1人とコーチング。2回目は子どもとコーチングしているところをモデルとして見せ、3回目からはコーチングの型の掲示物を見ながら自分たちで。

身、子どもたちに聞いてみるということがだんだんと普通のことになってきたように思います。

　その頃、岩瀬先生には振り返りの伴走をしてもらっていました。その日の振り返りには、こんなコメントが……。

（岩瀬先生）子どもと一緒につくっているのがいい！　良すぎる！
まさに「共同修正」が教室の原理になっていますねえ。ぼくも同じことをやっていました。
子どもたちに「ほとんど日本の学校でやられていない、そしてこれから未来に増えていくはずの学び方だから一緒に協同研究しましょう」って話すとよいなと思います。まさに協同研究だしね。どんな発展をしていくのか楽しみにしています。

　私が「自立学習」をスタートすると、すぐに同じ学年の3人も一緒にやりたいと言ってくれました。計画表を見せながら、私が子どもたちに話したことを伝えました。また、学年4人で一緒にチャレンジできることが見つかり、すごくうれしかったことを覚えています。

　またこの後、私たち5年生は学年で算数の単元内自由進度[72]も始めることにしました。

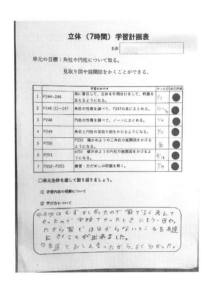

（岩瀬先生）これ本当にすごいことだと思う。
校内研究での成果ってこういうことが自然に起こるようになっていること。「学び続ける組織」になったってことだよね。

　さらに、学年での「自立学習」と算数の単元内自由進度の学習に続いて、私と島津さんとのチャレ

---

*72　村上：算数は、単元内自由進度の学びを行うようになりました。子どもたちは学習計画表を基に自分のペースで学びを進めていきます。教師は単元ごとに変えています。毎時間教師を変えたこともありましたが、学年の担任全員で学年の子どもたち全員の学びを支えていくことができるという利点もある一方、子どもたちを継続してみることができないという課題もあり、現在の形にしています。（方法）①授業の始めに、学び方と学習内容のめあてについて、今日は単元の何時間目かを確認。②学び方は基本的に自分の時間と同じ。③子どもたちの学びの様子を見て、ミニレッスンをすることも。全員集めるのではなく、「この問題、先生と一緒にやりたい子いる？」の声かけをして、集まった子で学ぶ形式。④子どもたちは、指導書を見ながら答え合わせ。高学年だと、そこに書かれている解説を読んで理解することもできる。⑤子どもたち１人１人の学びの状況をよく見て、声をかけたり、励ましたり、教えたりする。躓きなど、見取った様子は名簿に書き込んでいく。⑥計画表の学習内容がすべて終わった子どもが次のチャレンジができるように、発展問題の準備をしておく。⑦授業の後半は振り返りの時間。子どもたちは、学んだ日にちを記入し、内容の理解度を自己診断してシールで表す（青：ばっちり　黄：不安なところがある　赤：もう１回やったほうがいい）。単元の学習が終わった際は、単元全体を通しての振り返りを書く。⑧放課後、子どもたちの学習計画表を見ながら、担任全員で現状を把握。進度が遅い子、内容の理解が不十分な子は特に共通理解するようにしている。そのためにも、学びの状況を記入する用紙は大切。⑨次に担当するクラスの名簿を見て、躓きのある子を把握しておく。

ンジ、2年生との異学年の学び*73もスタートしました。

　子どもたちに異学年の学びの時間のことを相談すると、変に盛り上がるわけでもなく、最近教室で始めた「自分の時間」を2年生と一緒にやるんだよね……というような反応。私からはあれこれ言わず、2年生の先生からは丸付けをしてほしいと言われていること、45分の自分の学びを大切にすることだけを伝えて、始めてみることにしました。

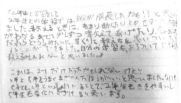

---

*73　村上：1年生と4年生、2年生と5年生、3年生と6年生で学ぶ時間を週に1回程度設けています。学級の半分の子たちはもう一方の学級へ行って学んでいます。1つの教室に2つの学年の子どもたちが半々いる状態です。低学年は担任がいくつか課題を用意して、その中から自分で課題を選んでいます。高学年は、計画表に基づいて、自分の課題を進めます。高学年の子どもたちには、こんなことをはじめに伝えます。「低学年の子たちのよいモデルになりましょう。まずは、自分が一生懸命学びに向かうことが大事です。わからないことは聞き合い、教え合う。その姿を見て、低学年の子たちは学び方を学びます。もし、低学年の子がわからないことがあったら教えてあげましょう。でも、学ぶ権利を奪ってはいけません。ついつい教えてあげたくなってしまうでしょうが、おせっかいは不要です。」低学年の子どもたちには、「自分の学習を一生懸命やりましょう。わからないところがあったら、高学年の子に聞くといいですよ。丸付けもお願いしていいですよ。」授業の最後には振り返りを書いたり、サークル対話をしたりして自分たちの学びの時間を振り返っています。そして、放課後には担任同士もその時間の様子を報告し合っています。この時間は一律一斉指導の時間ではありません。では、私たち教師の役割は……？　という問いが生まれてきました。私たち教師は子どもたちとどう関わっていけばよいのか、模索しながら実践を積み重ねています。また、子どもの学びを見取り、どう次へつなげるのかという点に関しても、課題を感じます。しかし、その疑問や課題についてお互いに話し合う時間は、私たちにとって貴重な学びの時間であると感じています。

２年１組と５年１組の半分の子どもたちが教室を変えて、授業がスタート。グループの中で、名前を教え合った後は、思い思いに学習に取り組み始めました。しばらくすると、わからない問題を質問する２年生がでてきて、５年生がそっと教えてあげていました。なんだかとっても自然な時間。５年生が、がんばってお世話をするわけでもなく、緊張感があるわけでもなく、淡々と……。５年生は、それとなく２年生の様子を気にして、２年生はわからない問題があると、教えてほしいところを指さしながら、ノートを５年生に差し出していました。柔らかな表情で一生懸命に教えてあげる５年生。

　また、１人１人の学びの様子を見ていると、様々なことが見えてきました。今まで見てこなかった景色が見えてきて、私は１人１人を大切にすると言いながら、何にもわかっていなかったのかもしれないなぁと思いました。きちんと見ようとすると、子どもたち１人１人の学びのエピソードが浮かび上がってくるのです。

　Ａさん。算数にはちょっと苦手意識がある子なので、始める前、大丈夫かなと心配していました。２年生に質問されて、途中から、どんなふうに教えればよいかわからなくなってしまった様子。そのグループには５年生は１人。どうするのかなと思って見ていると、「この先どうやって教えればよいかわからないんだけど」と、隣のグループの友達に声をかけ、２人で教え始めていました。授業後の振り返りには、「私たちにはわかりきった問題。でも、そういうことこそ、２年生に教えるのは難しい。」と書いてありました。

　Ｂさん。いつもは教えてもらう立場でいることが多い。でも、今日は２年生の丸つけを一生懸命に頑張っていました。自信になっただろうな……。振り返りジャーナルには「少し悩んだけど、２年生がプリントを終わらせた時に、丸付けができました。」と書いてありました。

　島津さんとはお互いに今日の子どもたちの様子をシェア。それぞれのクラスの動画を見ながら、子どもたちのエピソードを語り合いました。

（岩瀬先生）異学年の学び、めちゃめちゃいい感じじゃないですか！
このチャレンジを島津さんとやれたことも大きいなぁと思います。
人と人の信頼関係って、事柄を通じてできていくのですよね。
これは子どもも同じ。
Bさんのエピソードはうれしいなあ。
同学年だとどうしても「比較」の視点がつきまとう。
異学年はその「比較」の視点を弱める効果もあるんですよね。
ケアが自然に起きやすい。
この「異学年の学び」「ゆるやかな協同ベースの個の学び」ってそのまま来年の探究テーマになりますね。

　このように、校内で新たなチャレンジがいくつも生まれはじめていました。研究発表会までの勢いとはまた違う勢いを、私は職員室から感じていたのです。

2019年2月　研究2年目
職員室に学びの火が灯る

　3学期が始まって最初の校内研究日。島津さんと週1回ずつ続けてきた異学年の学びの動画を他の先生たちに見てもらうことにしました。私たち2人が新たなチャレンジをしていることを見てもらいたい、試行錯誤しながら実践を始めたことを知ってほしいと思い、2人でちょっと緊張しながら話をしました。
　2年生と5年生が1つの教室で学び合っている姿を見て、どんなことを考えているか、どんな可能性を感じているか、どんなところに迷いが

あるのかを話しました。たった30分しかない研究日だったけれど、動画で学びの雰囲気を掴んでもらえたことは大きかったようです。研究会が終わった後も、興味をもってくれた人たちとこの実践についてたくさんのことを話しました。

　校内研究会の後、私たちは2回目の『教育の力』の読書会をしました。この日の参加者も10人以上。読む箇所は、ちょうど「学びの個別化」のところでした。一番初めに話題になったのは、個別の学習計画について。3学期に入り、私たち5年生で計画表を書き始めたこと、自立学習を始めたことを話し、子どもたちのつくった計画表の写真を見てもらいました。

　そのうちに、低学年で学習計画を立てるのは難しいのだろうか、という話に。私の頭に浮かんできたのは、お茶小の低学年のことでした。お茶小では、入学当初から個別の学びを進めていることを公開研で知り、すごく驚いたことを思い出したのです。低学年のうちから、自分のやりたい学びを選び、学び進めていたことをみんなに伝えました。

　やってみなければわからない……。本を読むだけで終わってしまうのはもったいないし、せっかくのチャンス。自分たちもやってみようということになったのです。低学年でも負担なく実践していくには、私と島津さんが始めた異学年の学びの時間がよいのではないかとなり、さっそく参加者で3学年以上離れたペア学級をつくることにしました。気づけば、14学級が異学年の学びを始めることに……。

　正直、私はこんなふうに動き出すとは思ってもいなかったので、驚きしかありませんでした。校内研究会で私たちが取り組んでいる動画を見て、本を読んでつながって……というのが大きかったのでしょう。そして、次の週の読書会ではそれぞれの学級で子どもたちの学んでいる様子を動画で撮り、持ち寄ってみんなで実践について語ろうということになりました。

　この日をきっかけに、異学年の学びの時間の予定は、研究ホワイトボ

ードに書き込まれるようになり、お互いに授業を見合うことも頻繁に行われるようになりました。

この頃、高田さんと私は、先生たちの変化と勢いに圧倒されていました。学びや実践が加速していく様子を見て、

「今、私たちに起こっていることは何なのだろう？　研究発表会後にこんなことが起こるなんて思ってもみなかった……。」

と話す日々。本当にうれしい戸惑いでした。職員室に学びの火が灯るというのは、こういうことなのだ……と実感していたのです。

エピローグ

さて、この後も私たちの校内研究は紆余曲折、色々とあるのですが、この辺で4年間に亘る私の振り返りに区切りをつけようと思います。

先日、岩瀬先生とメッセンジャーでこんなやりとりをしました。

（岩瀬先生）あらためて聞きますが、何が村上さんを動かしていたの？

（私）何が？　と言われると、難しいけれど……。何か見えていたものがあったわけじゃないんです。研究発表会に向けてというのはあったけれど、そこを目がけて走ってきたわけでもない。毎日毎日、"あぁ、もっとこうしたいな……"が続いていたのかなぁ。

（岩瀬先生）小さな変化から、「もっと変われるはず」という可能性を日々感じていたのかもしれませんね。

（私）そんな感じです。大きく変えようなんて思ってやってきたわけじゃない。毎日の生活の中で、こんなことやったらいいかなぁ……とか、なんとかしたいなぁ……とかいうことに対して、私なりに動いてみた。

それは、うまくいったこともうまくいかなかったこともあったけれど……。それを続けてきたら、あれ？　なんだか変わってきてる？　みたいな感じ。

（岩瀬先生）小さな変化の積み重ねが、気づいたら大きな変化になっていた、って感じですね。だから、これから学校を変えたい！　と思う人は大きなビジョンを描くことよりも、まずは小さな一歩から始めてみること。その旅はどこにたどり着くかはわからない。旅の仲間をちょっとずつ増やしていくこと。まるで生き物が育っていくように、どう伸びていくかはわからないけれど、ちゃんと伸びていく。そのことを信じること。

（私）そう！　自分でもわからなかったから。こうなるなんて……。

（岩瀬先生）大きなビジョンに向かって、脇目もふらずにがむしゃらに進んでいく！　じゃなくて、ゆっくりていねいに旅をしながら、その様子を眺めたり、発見したことを喜んだりしてきた。大変だったこともあったけれど、その旅を楽しんでいた。ふと振り返ってみると、その足跡がずーっとここまで続いていて、スタートした時には思いもしなかった場所についていて、仲間も増えていた！

（私）そうそう！　楽しかったんです。私。毎日が……。そして今、子どもたちとやっていることも同じだなぁと思います。こんなことをやってみたらどうかなぁと試してみたり、どうしたらもっとよくなる？　って、子どもたちと相談したり……。毎日毎日、うまくいくこともあれば、うまくいかないこともあって、いっぱい悩むけれど、でも、それが楽しいって感じなんですよね。

（岩瀬先生）うんうん。旅の仲間は同僚だけじゃなくて、子どももだってことだ。

（私）そう！　仲間がどんどん増えていった。そして、仲間と一緒に歩んでいく中で、ちょっとずつだけど、色々と変わっている実感があった。職員室も、先生たちも、子どもたちも……。そして、私も。そのおもしろさや楽しさが、これまで〝私〟を動かしていたんだろうなぁ。

　私なりの小さな一歩を踏み出してよかった。その一歩が今につながっていたのだから……。
　プロローグに書いた、「どんなことをすれば、職員室は変わるのでしょう？」という問いに対して、今なら私はこう答えます。
「あなたが考える小さな一歩を踏み出してみたら？　きっと道は続いているから……。」
　と。

《著者紹介》

村上聡恵（むらかみ・としえ）
1973年埼玉県生まれ。学校法人軽井沢風越学園スタッフ。元小金井市立小金井第三小学校
教諭。大学卒業後、東京都公立小学校に勤務。その後、東京都教職大学院派遣研修により、
東京学芸大学教職大学院に入学。現職院生の学びの場である「F3」で、対話によって学ぶ
楽しさを実感したことから、校内研究を通して「学び合う職員室づくり」に取り組んでいる。
「特集：職員室をよくすれば、学校がよくなる！」『教職研修』教育開発研究所、2019年5月
号にて執筆。

岩瀬直樹（いわせ・なおき）
1970年北海道生まれ。学校法人軽井沢風越学園校長、軽井沢風越幼稚園園長。ファシリ
テーター。埼玉県公立小学校教諭、東京学芸大学教職大学院准教授を経て、現職。学習者中心
の学びや学級経営論の実践研究と研修、校内研究・研修の伴走やコンサルティング、学校づ
くり等を通じて、幸せな子ども時代を過ごせる場づくりに取り組んでいる。著書に、『せん
せいのつくり方』（旬報社）『クラスづくりの極意』（農文協）『信頼ベースのクラスをつくる
よくわかる 学級ファシリテーション①②③』（解放出版社）『読んでわかる！リフレクショ
ン みんなのきょうしつ増補改訂版』『インクルーシブ教育を通常学級で実践するってどう
いうこと？』（以上、学事出版）ほか多数。

「校内研究・研修」で職員室が変わった！
〜2年間で学び続ける組織に変わった小金井三小の軌跡〜

2020年4月20日　初版第1刷発行
2022年9月14日　　第3刷発行

著　者───村上聡恵・岩瀬直樹

発行者───安部英行

発行所───学事出版株式会社
　　　　　〒101-0051　東京都千代田区神田神保町1-2-5
　　　　　電話03-3518-9655
　　　　　https://www.gakuji.co.jp

編集担当　加藤　愛
装丁　岡崎健二　イラスト　大金丈二
印刷製本　精文堂印刷株式会社

ISBN978-4-7619-2625-0　C3037